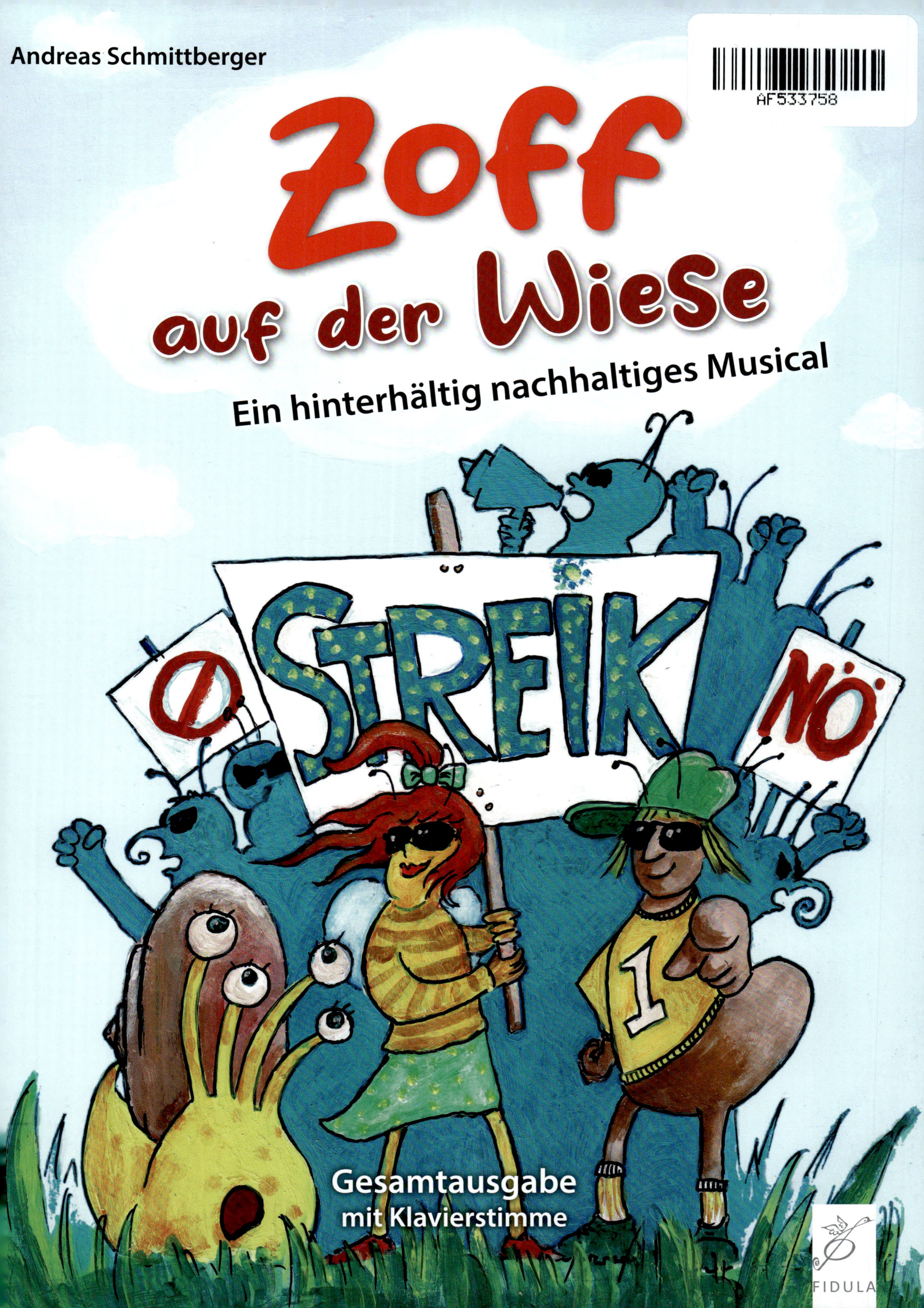
Andreas Schmittberger
AF533758
Zoff auf der Wiese
Ein hinterhältig nachhaltiges Musical
STREIK
NÖ
1
Gesamtausgabe
mit Klavierstimme
FIDULA

Inhalt

Vorbemerkungen

Dank

Nachdem für das Singen in der Öffentlichkeit und insbesondere in Schulen eine zweijährige Zwangspause verhängt wurde, konnte es 2023 endlich weitergehen. Es war nicht ganz einfach, den verlorenen Faden wieder aufzugreifen, aber trotz aller Widrigkeiten konnte das Musical kurz vor Ostern '23 uraufgeführt werden.
Ich danke allen Schülerinnen und Schülern, die an der Aufführung mitgewirkt und damit das zunächst nur auf dem Papier existierende Stück mit Leben erfüllt haben. Ich danke allen, die im Laufe der Proben mit konstruktiver Kritik an das Stück herangegangenen sind (kleine Logikfehler oder unnötige Schwierigkeiten schleichen sich irgendwie immer ein …).
Ganz besonders danke ich allen, die letztendlich die CD möglich gemacht haben. Ohne Doris, Anne Catherine, Herry, Dominic, Anton, Evan und den Schülerinnen und Schülern der Musical-AG wäre das Projekt nicht zustande gekommen!

Andreas Schmittberger im Dezember 2023

Natürlich unkrautfrei!

Als begeisterter Hobby-Gärtner weiß ich natürlich, dass der Begriff „Unkraut" ambivalent ist. Eine Brennnessel kann je nach Situation als heilend (Tee), schmerzlich (bei Berührung) oder eben störend (im Salatbeet) empfunden werden. Schönheit liegt immer im Auge des Betrachters.
Jeder Garten, ob groß oder klein, sollte eine natürliche, sich selbst überlassene Fläche haben, auf der sich Pflanzen und Tiere aller Art nach Lust und Laune austoben können. Insbesondere blühende Pflanzen (wie Blumen) sind für Bienen und ihr Überleben unverzichtbar.
Der verantwortungsvolle Gärtner wird natürlich auf chemische Gifte (wie auch Dünger) jeder Art verzichten und dort, wo es notwendig ist, das „Beikraut" von Hand auszupfen. Um weiteres Wachstum zu verhindern, wird gemulcht, und schließlich landet alles auf dem Komposthaufen, sodass ein natürlicher Lebenszyklus entsteht.
Übrigens: Die besten Ideen kommen mir immer beim Unkrautjäten …

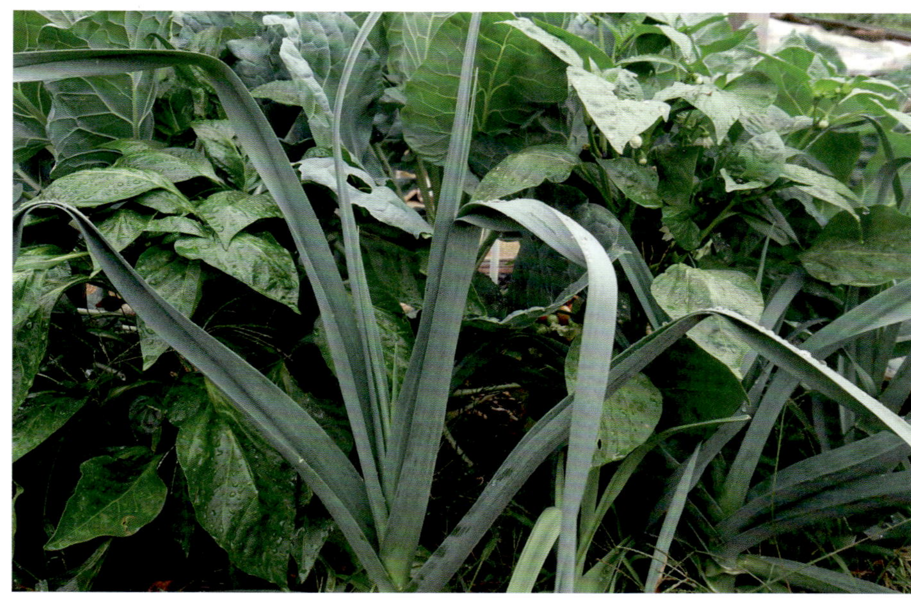

Gemüsebeet des Autors, eine stete Quelle der Inspiration (Foto: A. Schmittberger)

Aufführung mit einfachen Mitteln: Kostüme und Bühnenbild

Das Musical lässt sich mit einfachen Mitteln, sehr gut auch im Klassenverband aufführen. Um eine Wiese anzudeuten, genügen ein paar selbst gebastelte Blumen (ca. 1,5 m Höhe), für den Bauernhof genügen zwei Stellwände (mit farbigen Tüchern und Blüten behängt). Bei der Uraufführung wurde mit diesen Mitteln ein einfaches Bühnenbild aufgebaut. Die „Tiefenentspannten" und Bauer Kunkel sind jeweils von links und rechts aus dem Bühnen-Off aufgetreten, die Bienen und Schneckenstampfer aus dem Zuschauerraum.

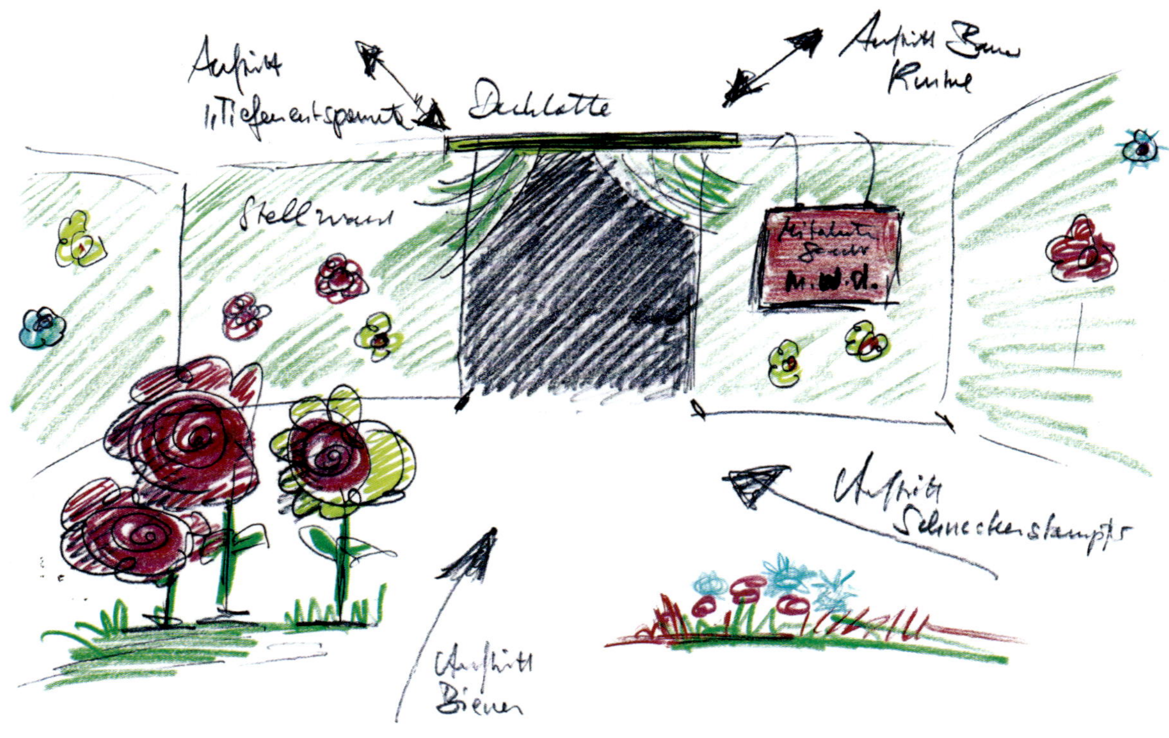

Zwei Stellwände mit grünen Tüchern, eine Dachlatte (mit zwei Schraubzwingen fixiert), ein paar Blumen und ein Schild – fertig! Dieser Bühnenaufbau mit einfachen Mitteln ist innerhalb einer Stunde erledigt. Drinnen wie draußen.

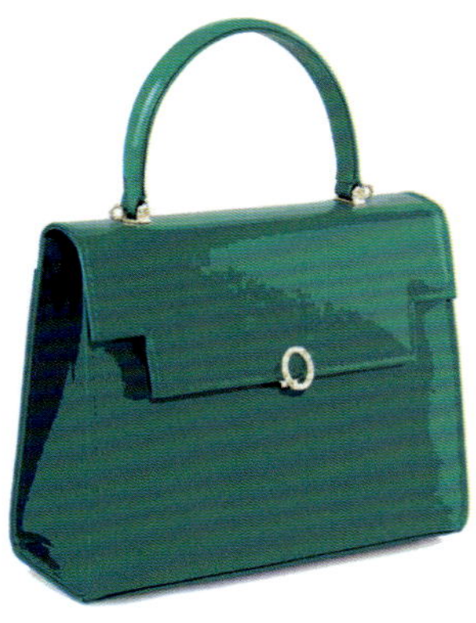

Die Rollen benötigen meist ein charakterisierendes Accessoire, das einfach verfügbar ist:

- Bauer Kunkel: Gartenhacke (o. Ä. mit abgeklebten Spitzen), eine Hahnenfeder (Staubwedel o. Ä.)
- Herr/Frau Schneckenstampfer: Aktentasche, Sprühflasche, Papier und Stift (Vertrag)
- Fine: Sonnenbrille, Sonnencreme, Klapp-Liegestuhl (o. Ä.)
- Giovanni: Fußball
- Schleimer: Schneckenkostüm
- Floretta I.: großer, eleganter Sonnenhut, Handtasche („Queen"-Style, siehe links)
- Bienen: Hier bieten sich generell T-Shirts an (gelb/orange), schwarze Leggings und Sonnenbrillen.

Verteilung der Sprech- und Gesangspartien

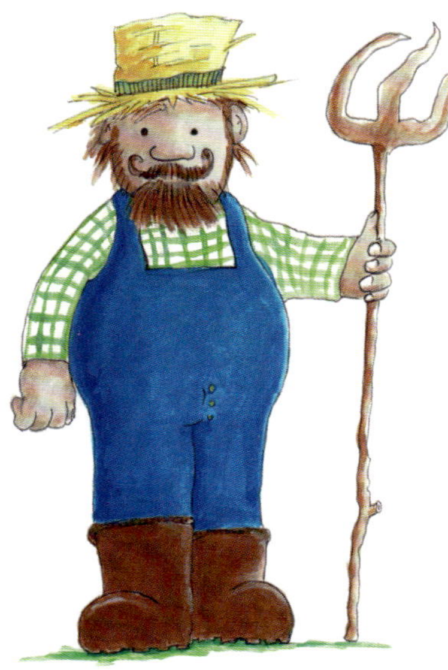

Das Musical ist so konzipiert, dass jede Figur auch zum Singen kommt. Eine entsprechende Rollenverteilung ist daher naheliegend.
Insgesamt sind 11 Sprech- und Gesangsrollen vorgesehen. Das Musical ist auch mit weniger Spielern aufführbar (indem man z. B. eine Biene streicht bzw. auf andere Spieler „verteilt“). Ideal ist eine Besetzung in Klassenstärke bzw. Kinderchor-Stärke. Sollte es aber sehr gute Spieler geben, die nicht allein singen wollen, besteht die Möglichkeit, diese Gesangspartien durch einen „Extrachor“ (bzw. Solisten) zu verstärken. Das kann im Bedarfsfall auch so weit gehen, dass nicht der Darsteller das Lied singt, sondern ein „Stellvertreter“ – so zum Beispiel bei Lied Nr. 10 „Vor gar nicht allzu langen Zeiten“ (S. 36): Dieser Song kann statt von Bauer Kunkel auch von einem allegorieartigen Wesen wie der „Stimme der Natur“ gesungen werden.

Neben der szenischen Aufführung gibt es am Ende dieses Buches (ab S. 51) auch eine halbszenische Version, bei der aufwendiges Bühnenbild und Auftritte durch einen Erzähler mit einigen Dialoganteilen der Figuren ersetzt sind. Dies ermöglicht eine quasi konzertante Aufführung des Stücks.

Rollen

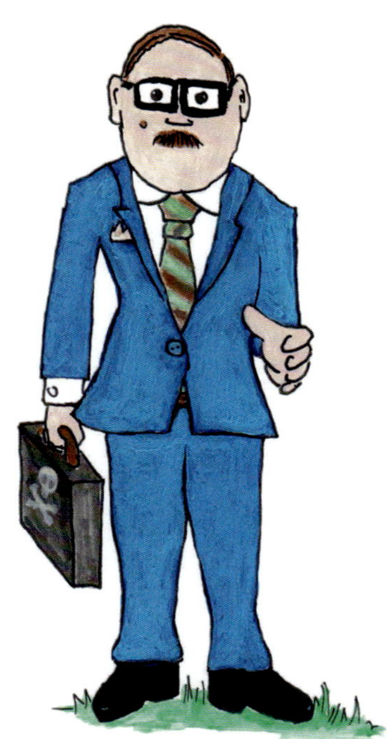

Menschen/Sprechrollen

- Bauer **Kunkel**, Selbstversorger und lokaler Markthändler (weibliche Variante „Bäuerin Kunkel“ ebenso möglich)
- Herr/Frau Silvanus/Silvia **Schneckenstampfer**, Vertreter(in) der Firma GardeniaOptimo®

Tiere/Sprechrollen

- 5 fleißige Bienen: **Aurelia, Bella, Constanze, Dafne, Emma**
- **Floretta I.**, Bienenkönigin
- **Fine**, die wahrscheinlich faulste Biene im Universum
- **Giovanni**, eine fußballbegeisterte Ameise
- **Schleimer**, die ungeduldige Schnecke
- Chor: weitere Insekten ad lib. (Käfer, Schmetterlinge usw., jedoch ohne Hornissen, die im Stück zwar genannt werden, aber nicht auftreten)

Ort

Bauer Kunkels Hof, eine wilde Blumenwiese mit Kräutern aller Art und Bäumen in voller Blüte, vor dem Haus ein Schild: „Mitarbeiter gesucht, m/w/d“

Alter: 7–12 Jahre
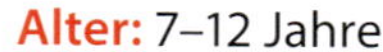
Aufführungsdauer: 45 Minuten
Besetzung: 2 Sologesangsrollen, 9 Gruppengesangsrollen, aufführbar ab 11 Sprechrollen, beliebig erweiterbar mit Chor (ad lib.)

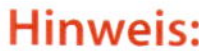
Hinweis:
Eine ausführliche Tabelle mit Abschnitten, die sinnvolle Probeneinheiten bilden, und mit einer Auflistung der benötigten Requisiten und weiterer Aspekte der Aufführung finden Sie als Hilfe für Ihre Probenplanung zur weiteren Bearbeitung und Veränderung als Word-Datei zum kostenlosen Download unter *www.fidula.de* (bitte dazu die Artikelbeschreibung zum Musical aufrufen). Dort finden Sie ebenfalls eine Liste mit der Rollenverteilung, die Sie selbst ausfüllen können.

1. Akt

Szene 1: Bester Blütenstaub

Bauer Kunkel, alle Bienen (außer Fine), weitere Wiesentiere, Insekten etc.

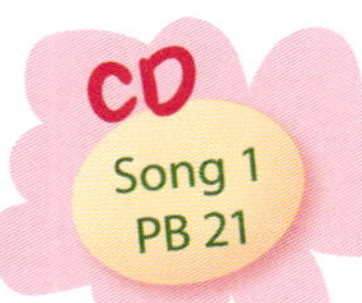

1. Ouvertüre: Alles in Butter

(instrumental)

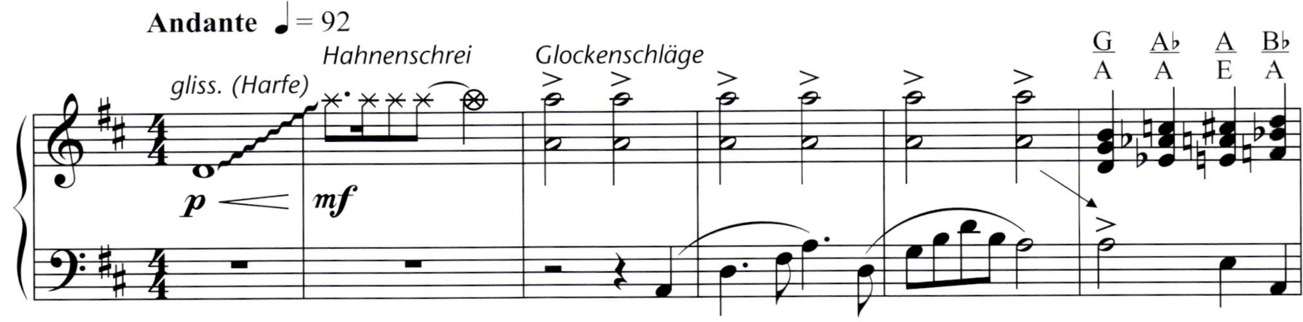

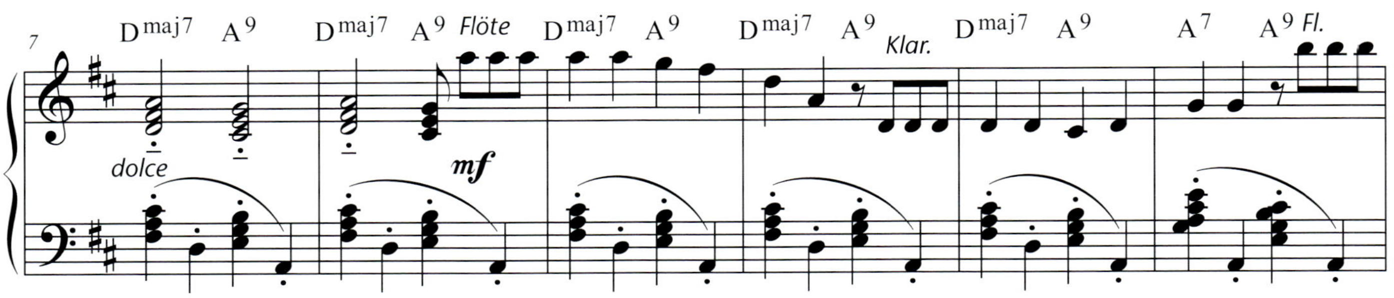

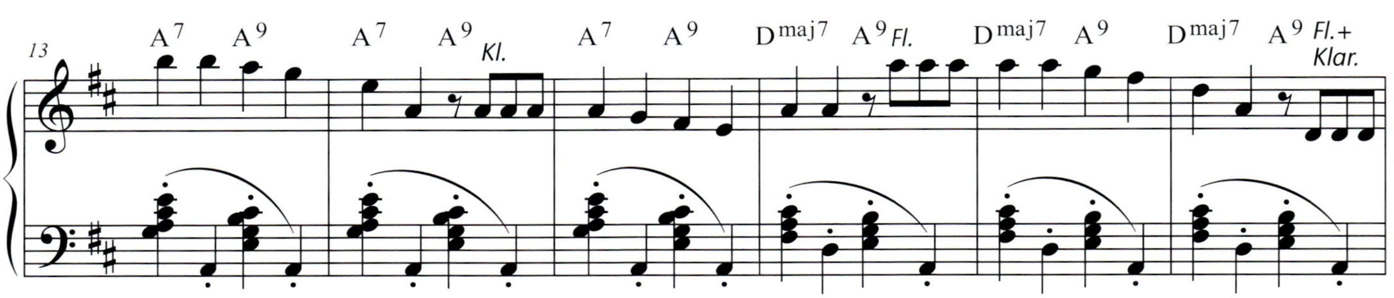

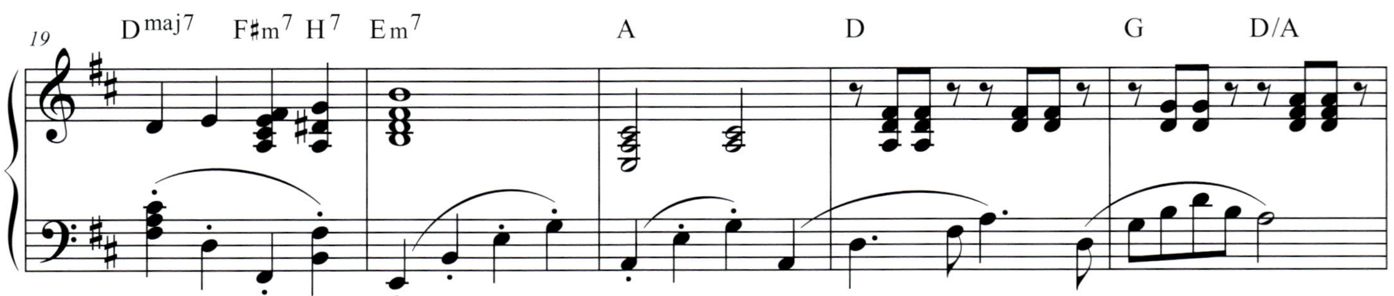

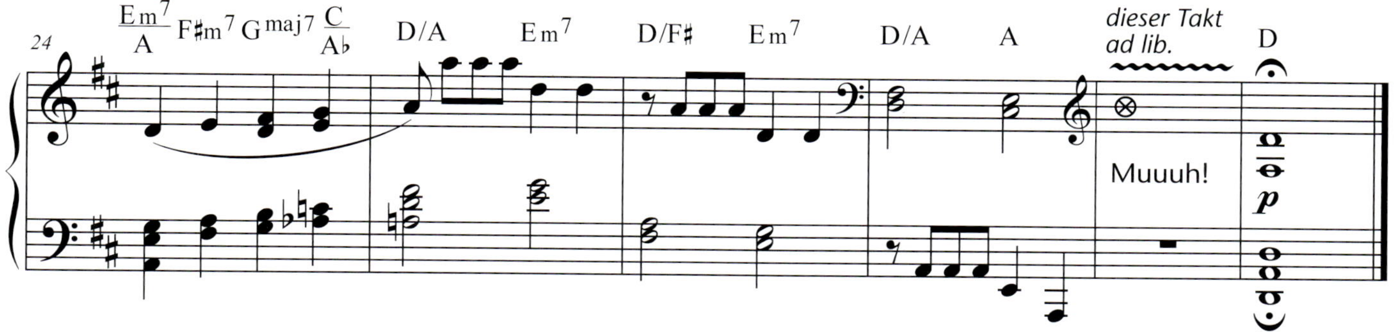

Sonnenaufgang, der erste Frühlingsmorgen. Auf Bauer Kunkels Wiese.
Wiesentiere wie Bienen, Käfer, Vögel, Frösche erwachen und begrüßen den Frühling.

2. Welch ein Summen

(Wiesenbewohner, Kunkel)

Allegro ♩ = 150 ♫ = ♩ ♪ (triplet)

F7/C G7/H B♭m F7/A

Wiesenbewohner, Kunkel:

5 B♭ B♭7 E♭ F D Gm G♭6

Welch ein Sum - men, welch ein Brum - men, welch ein sü - ßer Duft. Und du

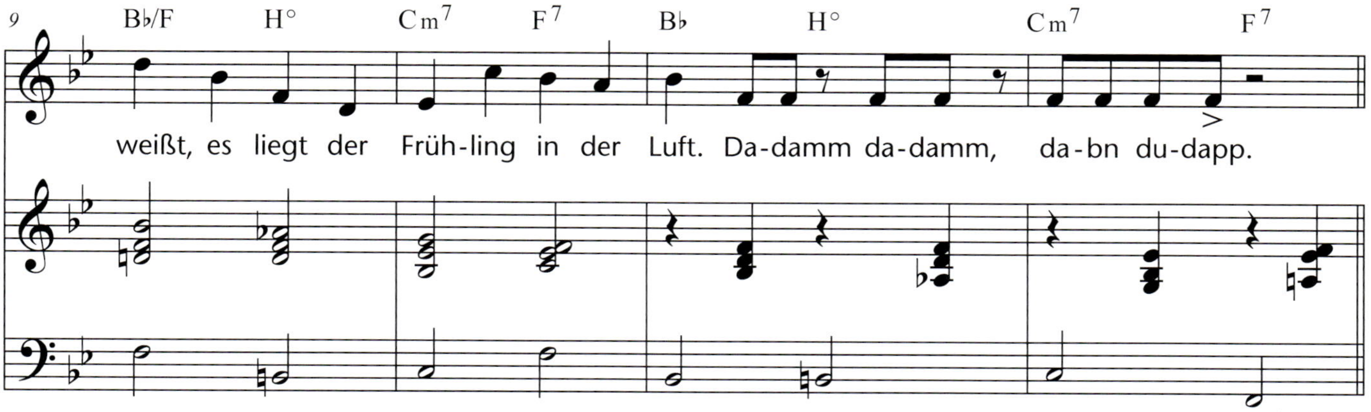

9 B♭/F H° Cm7 F7 B♭ H° Cm7 F7

weißt, es liegt der Früh-ling in der Luft. Da-damm da-damm, da-bn du-dapp.

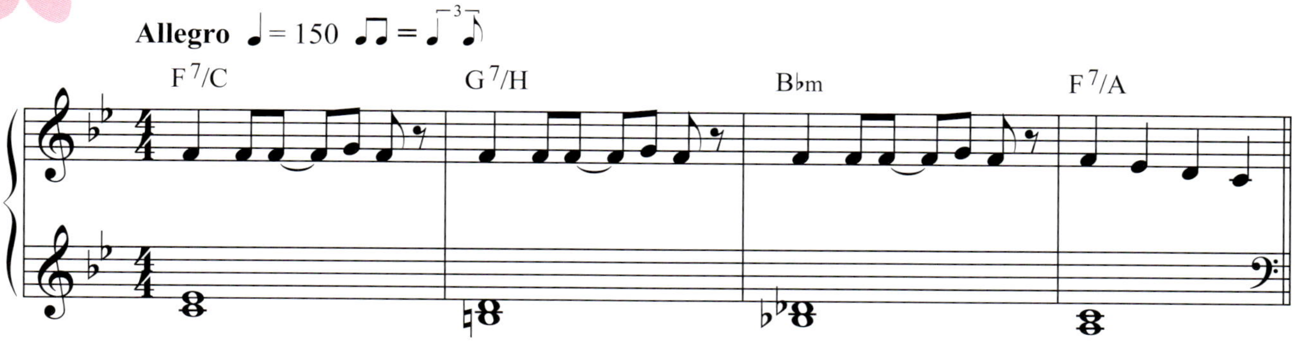

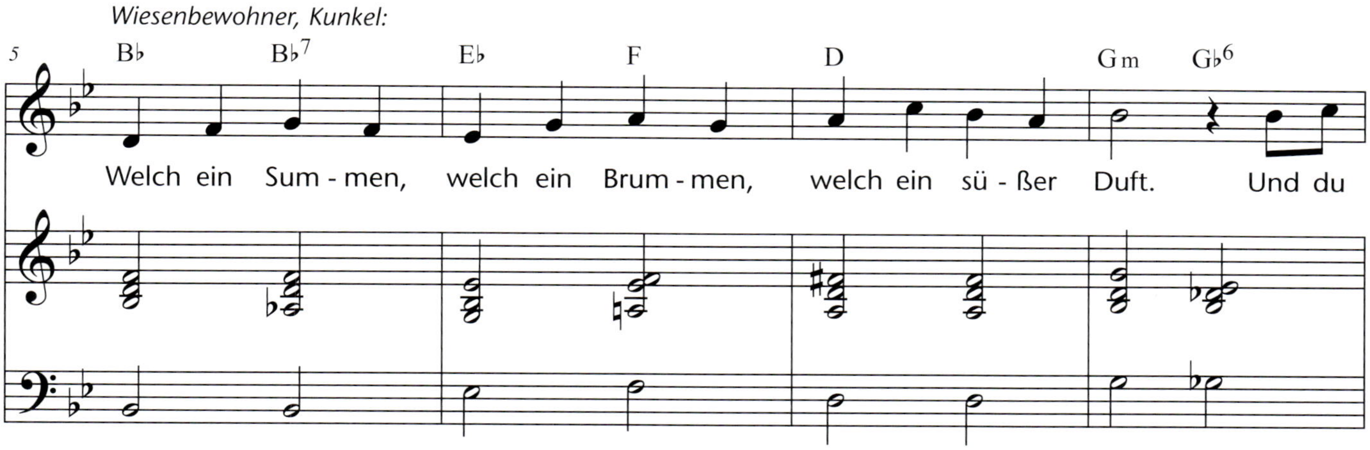

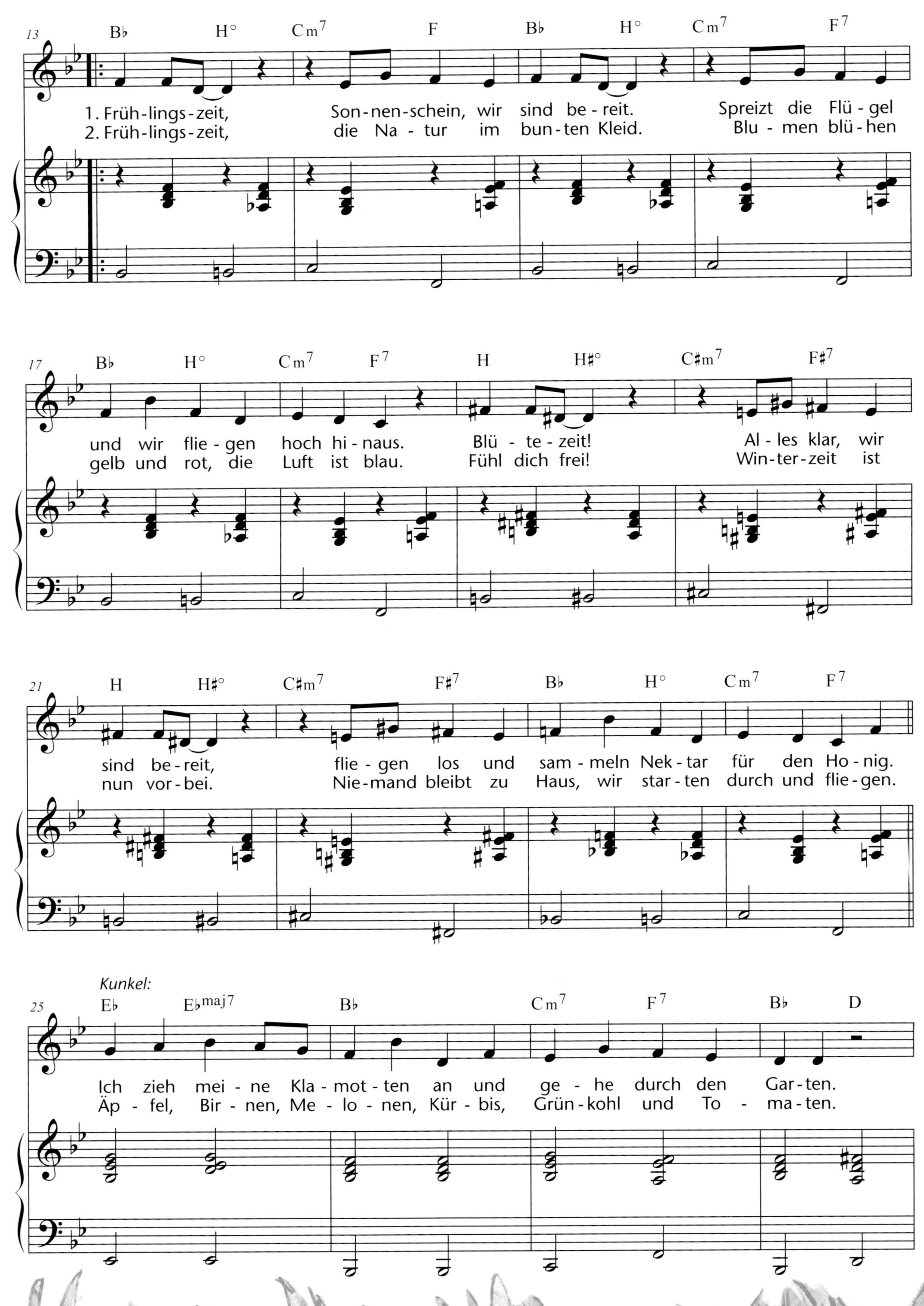

13
B♭ H° Cm7 F B♭ H° Cm7 F7
1. Früh-lings-zeit, Son-nen-schein, wir sind be-reit. Spreizt die Flü-gel
2. Früh-lings-zeit, die Na-tur im bun-ten Kleid. Blu-men blü-hen
17
B♭ H° Cm7 F7 H H♯° C♯m7 F♯7
und wir flie-gen hoch hi-naus. Blü-te-zeit! Al-les klar, wir
gelb und rot, die Luft ist blau. Fühl dich frei! Win-ter-zeit ist
21
H H♯° C♯m7 F♯7 B♭ H° Cm7 F7
sind be-reit, flie-gen los und sam-meln Nek-tar für den Ho-nig.
nun vor-bei. Nie-mand bleibt zu Haus, wir star-ten durch und flie-gen.
Kunkel:
25
E♭ E♭maj7 B♭ Cm7 F7 B♭ D
Ich zieh mei-ne Kla-mot-ten an und ge-he durch den Gar-ten.
Äp-fel, Bir-nen, Me-lo-nen, Kür-bis, Grün-kohl und To-ma-ten.

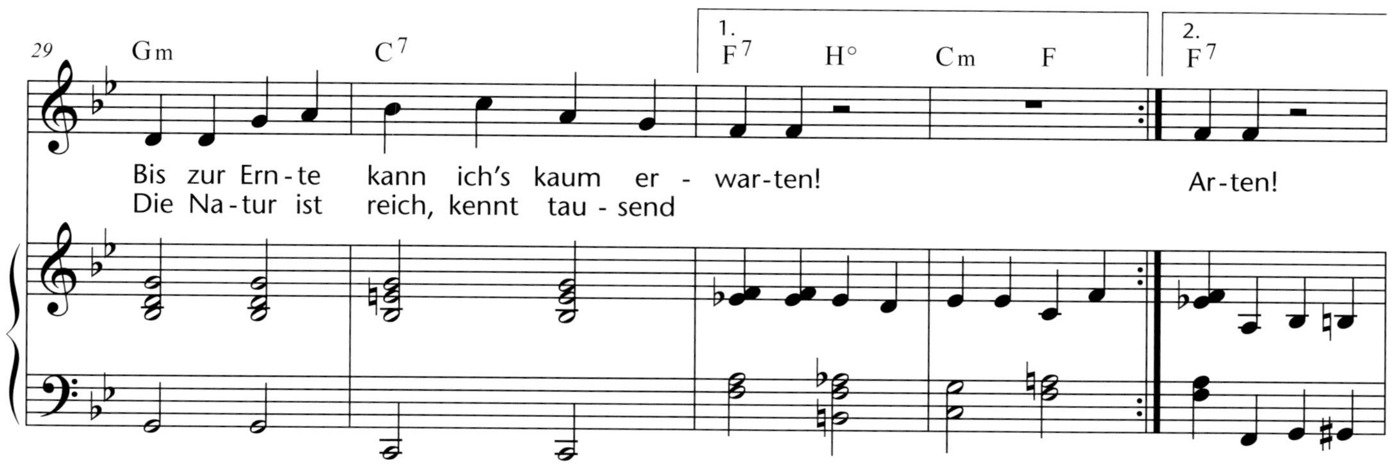
29
Gm
C7
1.
F7
H°
Cm
F
2.
F7
Bis zur Ern - te kann ich's kaum er - war - ten!
Die Na - tur ist reich, kennt tau - send
Ar - ten!

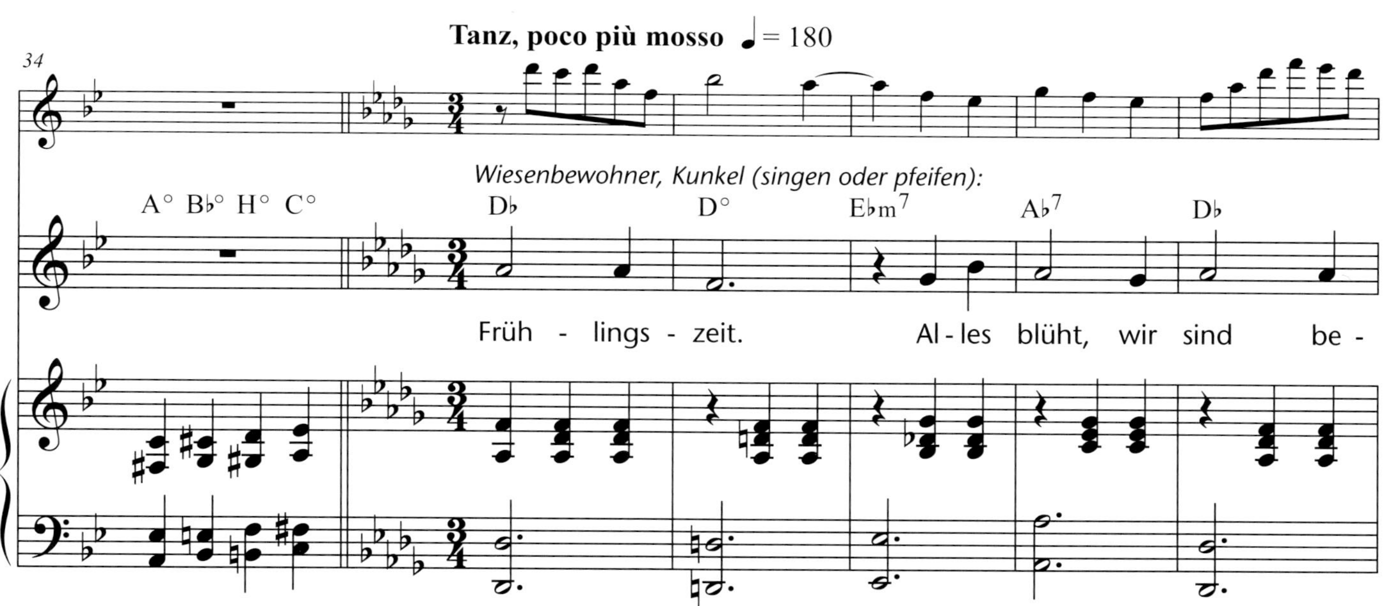
34
Tanz, poco più mosso ♩= 180
Wiesenbewohner, Kunkel (singen oder pfeifen):
A° B♭° H° C°
D♭
D°
E♭m7
A♭7
D♭
Früh - lings - zeit. Al - les blüht, wir sind be -

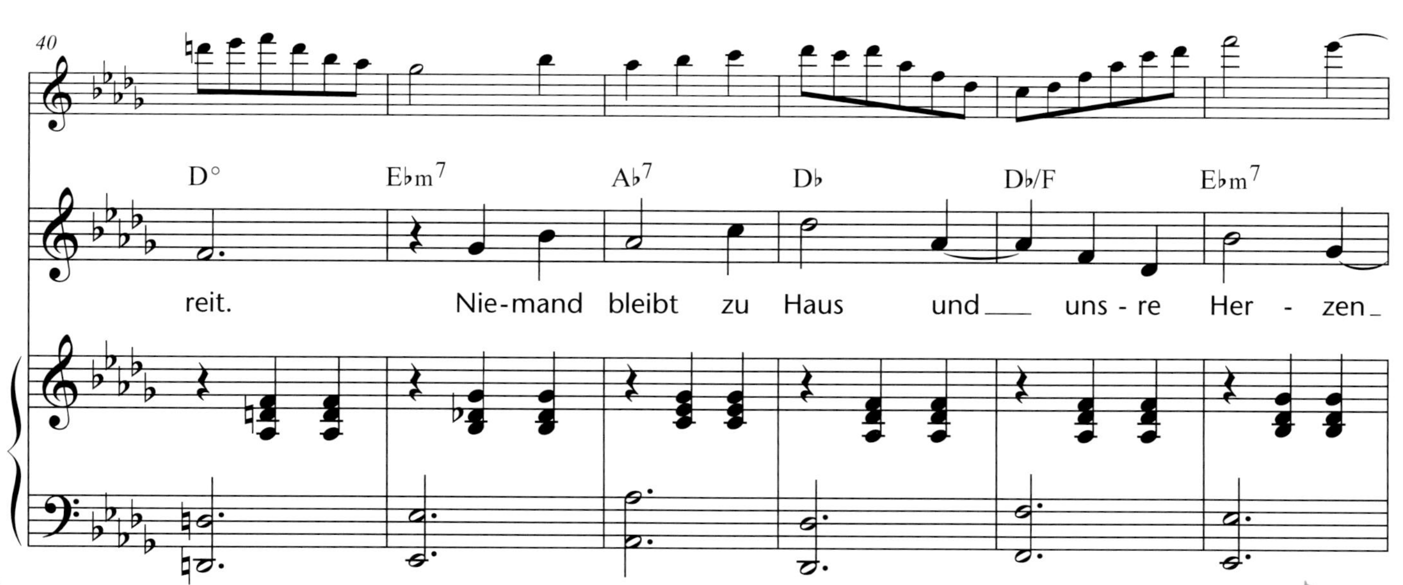
40
D°
E♭m7
A♭7
D♭
D♭/F
E♭m7
reit. Nie - mand bleibt zu Haus und uns - re Her - zen

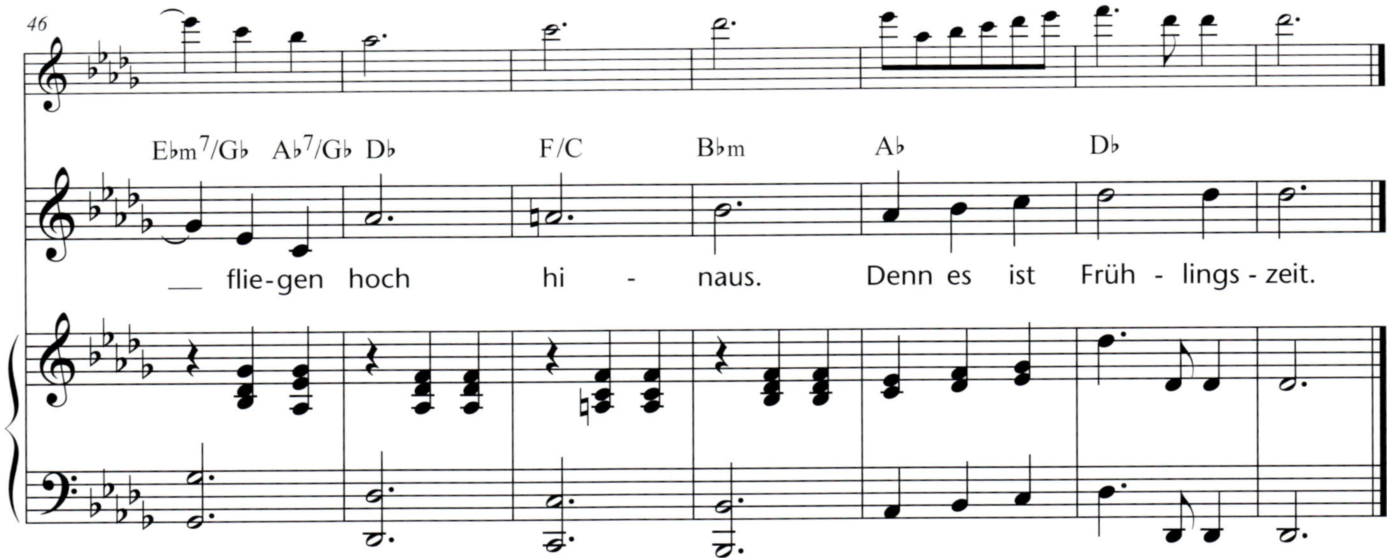

Falls Fine, Giovanni und Schleimer beim Lied mitgesungen haben, gehen diese jetzt unauffällig ab.

Aurelia So ein schöner Frühlingsmorgen! Sonne, Wärme, ein mildes Lüftchen und dieser Blütenduft. Mmmh! *geht zur Blume, sammelt und nascht Nektar*

Bea Da hat man direkt Lust zu arbeiten.

Constanze Es geht doch nichts über eine schöne Blumenwiese. Bester Blütenstaub überall.

Dafne Das wird ein 1a-Spitzen-Honig!

Emma He, da drüben gibt's noch reichlich Blütenstaub. Los, mir nach!

Floretta I. Aber passt auf, dass ihr den Hornissen nicht zu nahekommt! Nach dem langen Winterschlaf sind die immer ganz mies drauf!

Kunkel Dieser schöne Garten und meine lieben Bienen. Da freu ich mich schon auf den Honig.

Insekten und Kunkel ab.

Szene 2: Erst mal 'ne Auszeit

Fine, Giovanni, Schleimer

Fine *tritt auf mit Liegestuhl, Sonnenbrille, Sonnenöl, blickt um sich* Sind sie weg?

Giovanni *folgt, in Fußballkleidung, mit Ball* Si, Signorina Fine.*

Fine Boah, meine „fleißigen Schwestern". Nix als Arbeit im Kopf. – Ich brauch erst mal 'ne Auszeit.

Giovanni 'ne Auszeit? – Von *was*? Du hattest gerade *sechs* Monate Winterschlaf! Mamma Mia!

Fine *streckt sich genussvoll* Sechs Monate pennen und dann erst mal entspannen. Das ist doch ein gutes Konzept, oder? – Wo Schleimer schon wieder bleibt?

Giovanni Na du weißt doch, wie laaaangsam Schnecken sind.

* *Giovanni kann mit italienischem Akzent gesprochen werden.*

Fine Jaja… so, jetzt erst mal 'ne Runde Sonnenbaden. *cremt sich mit Sonnenöl ein*

Schleimer *tritt auf* Hi, Freunde. Entschuldigt die Verspätung.

Fine Schon klar. Du bist doch *immer* zu spät.

Giovanni *betrachtet Schleimer von oben bis unten* Sag mal, Schleimer, bist du eigentlich ein Junge oder ein Mädchen? Un ragazzo o una ragazza?

Schleimer Kommt drauf an.

Fine Wie? Du weißt nicht, ob du ein Junge oder ein Mädchen bist?

Schleimer Doch.

Fine Und?

Schleimer Kommt drauf an. Sag ich doch.

Giovanni He, wir könnten uns doch bei Bauer Kunkel bewerben. Der sucht Mitarbeiter. Männlich, weiblich und solche, wo's drauf ankommt! *zeigt auf das Schild: „Mitarbeiter gesucht, m/w/d"* Perfekt für uns drei.

Fine Arbeiten? – Du bist echt 'ne Nervensäge! Da geh ich lieber gemütlich mit Schnecken spazieren, was, Schleimer?

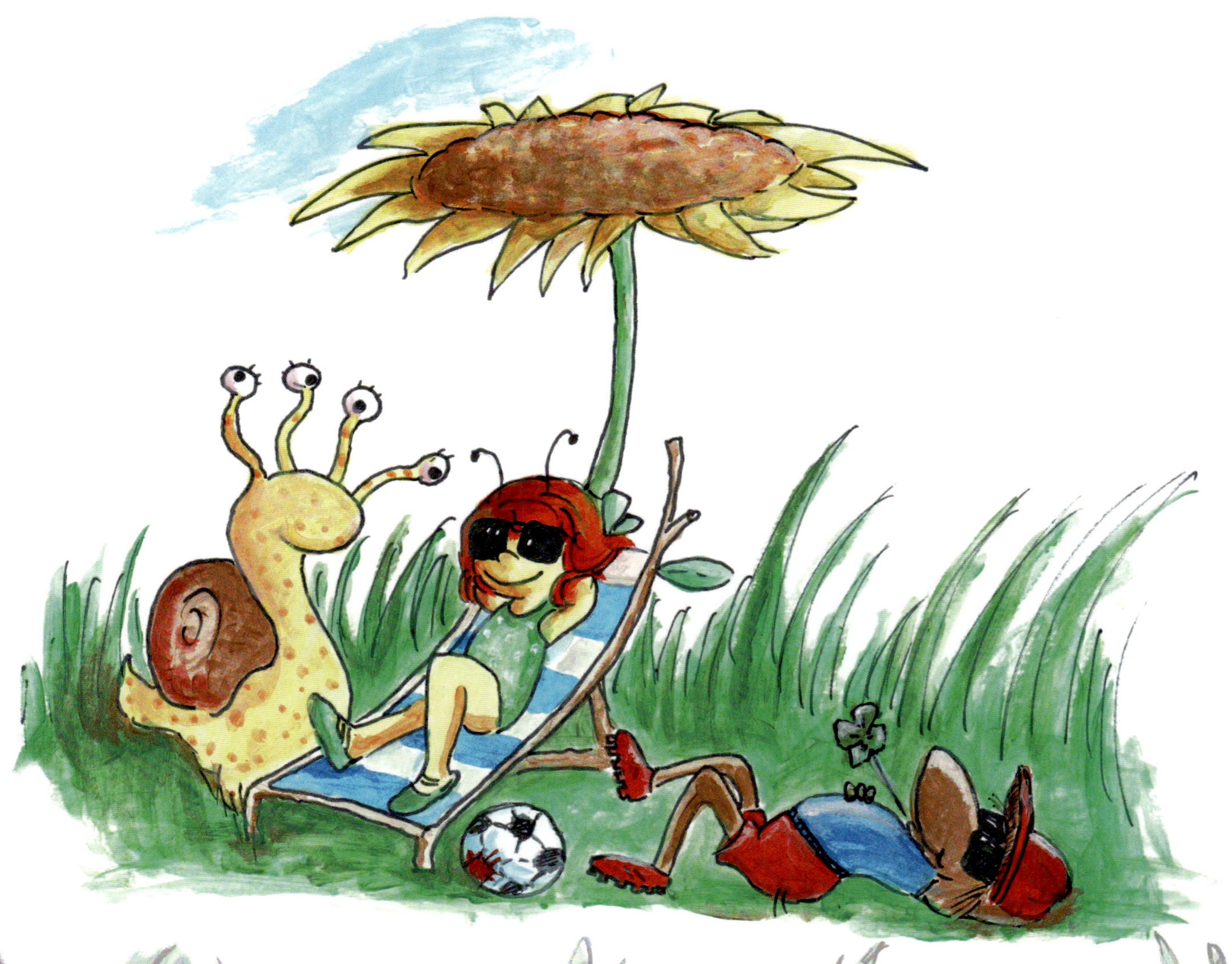

CD
Song 5
PB 23

3. Schnecken-Blues (Ultracool)

(Giovanni, Fine, Chor und Schleimer ad lib.)

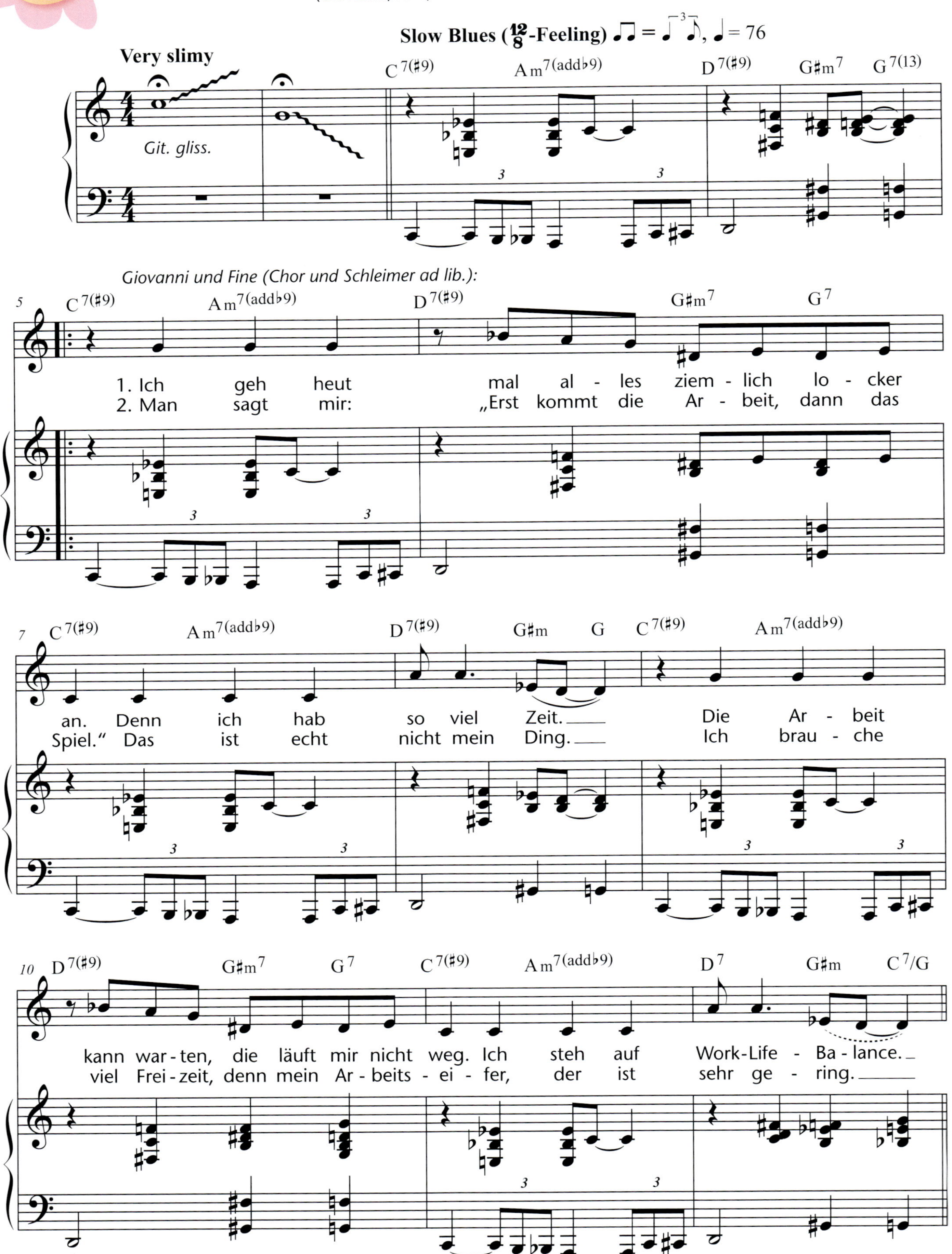

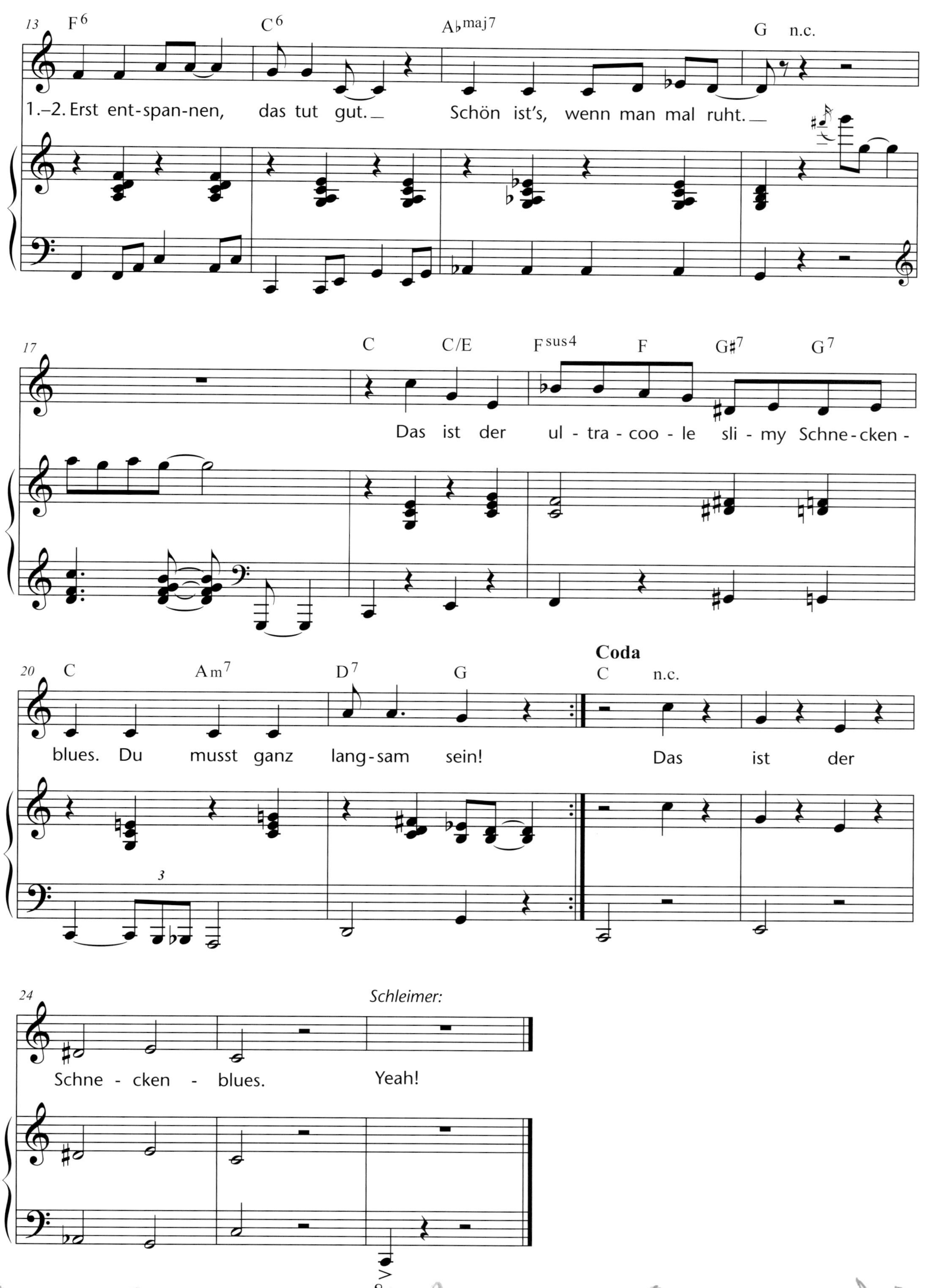
13
F6
C6
A♭maj7
G
n.c.
1.–2. Erst ent-span-nen, das tut gut.
Schön ist's, wenn man mal ruht.
17
C
C/E
Fsus4
F
G♯7
G7
Das ist der ul - tra - coo - le sli - my Schne - cken -
20
C
Am7
D7
G
Coda
C
n.c.
blues. Du musst ganz lang - sam sein!
Das ist der
3
24
Schleimer:
Schne - cken - blues.
Yeah!
8vb

Fine He, seht mal, der Kunkel. Kommt, wir verziehen uns. Faule Bienen sind ihm ein Dorn im Auge.

Schleimer Auf Schnecken steht der auch nicht sonderlich. Neulich hat er mich im Salatbeet erwischt. Da hat er mich gepackt und – schwupps – ging's über den Zaun. Auf so 'ne Flugstunde kann ich gut verzichten. Ich schwör!

Die drei ab.

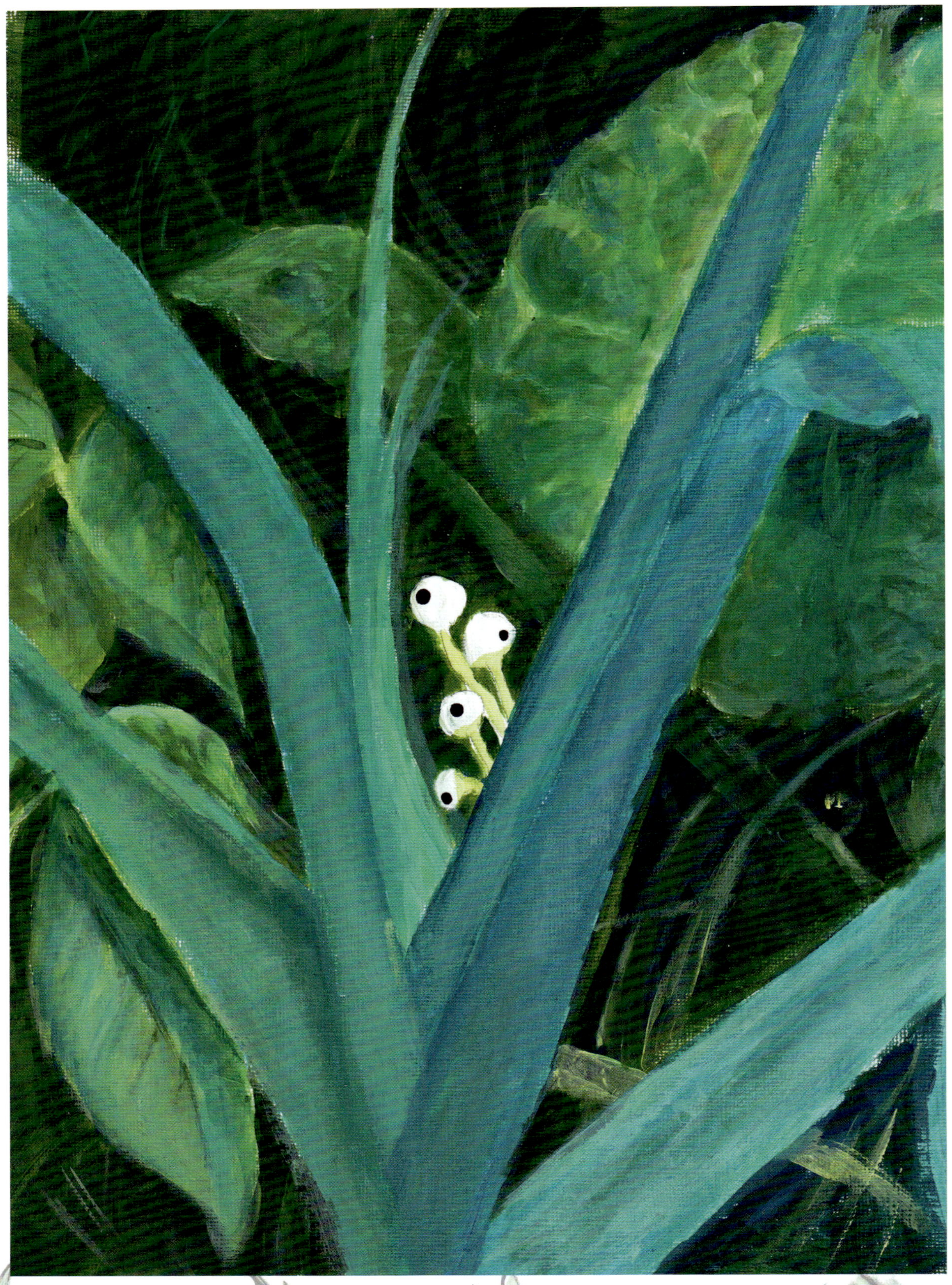

Szene 3: Einfach genial

Bauer Kunkel, Silvanus/Silvia Schneckenstampfer

CD Song 7 PB 24

Bauer Kunkel tritt auf und singt ein fröhliches Lied.

4. Intermezzo: Fröhlicher Kunkel

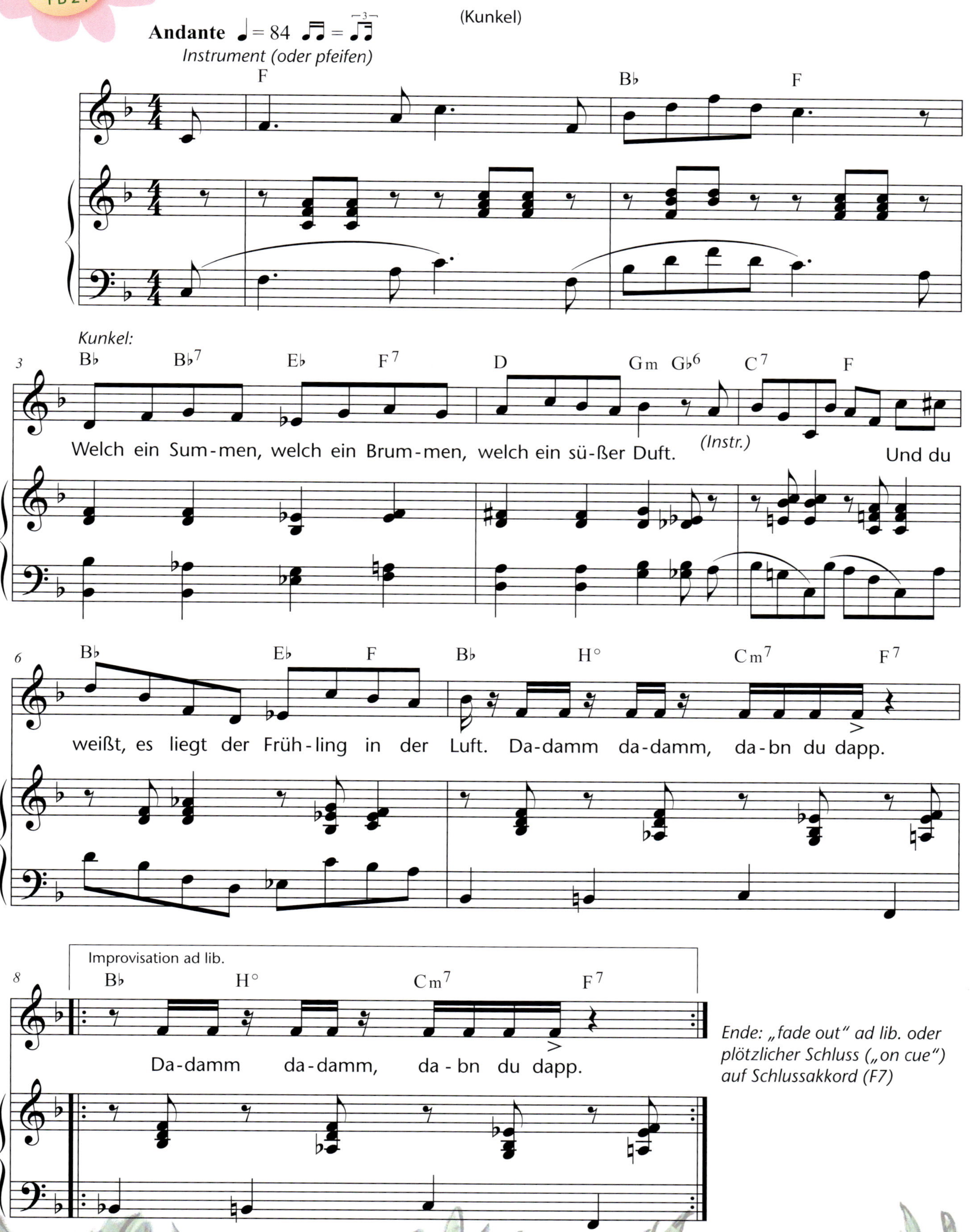

Ende: „fade out" ad lib. oder plötzlicher Schluss („on cue") auf Schlussakkord (F7)

Kunkel Ah! So ein Frühlingsmorgen! Wie die Vögel zwitschern. Wunderbar. Alles blüht und summt und brummt. Meine Bienen bestäuben die Blüten. Aus den Blüten entstehen Früchte – und Honig gibt es auch noch. Was für ein Leben. – So, jetzt in die Scheune, Hacke und Schaufel holen, dann geht's frisch an die Arbeit.

Während der folgenden Musik holt sich Kunkel vom Bühnenhintergrund eine Hacke und beginnt zu arbeiten, wobei er dem in Kürze auftretenden Schneckenstampfer den Rücken zukehrt.

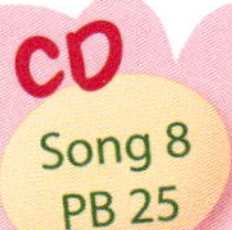

5. Toxic Walk

(instrumental)

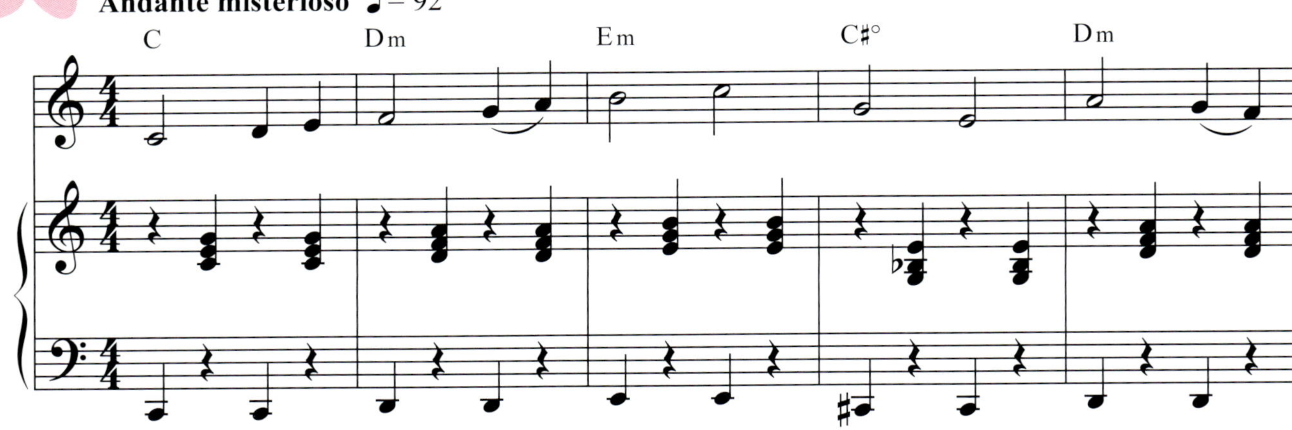

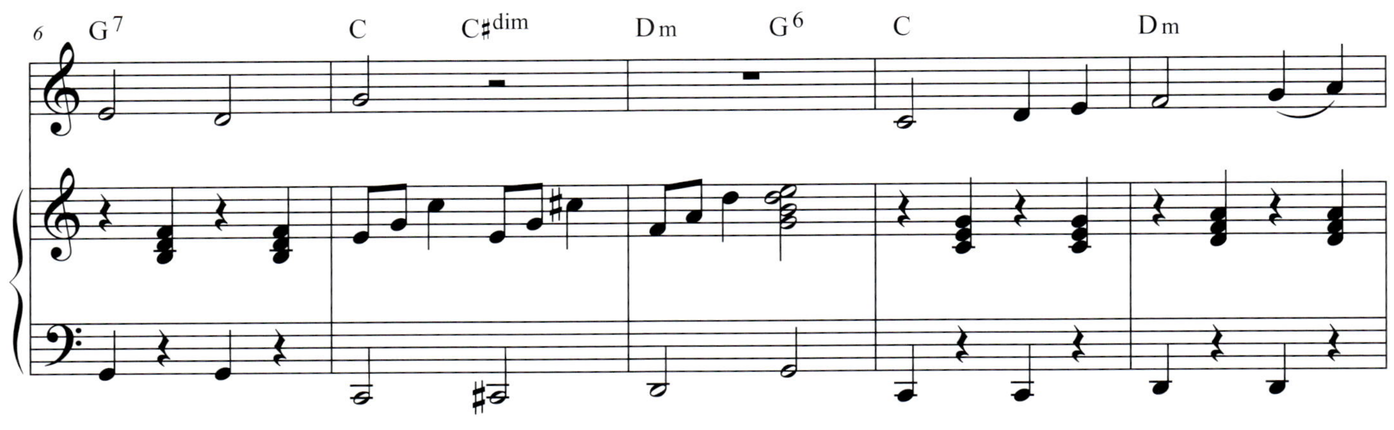

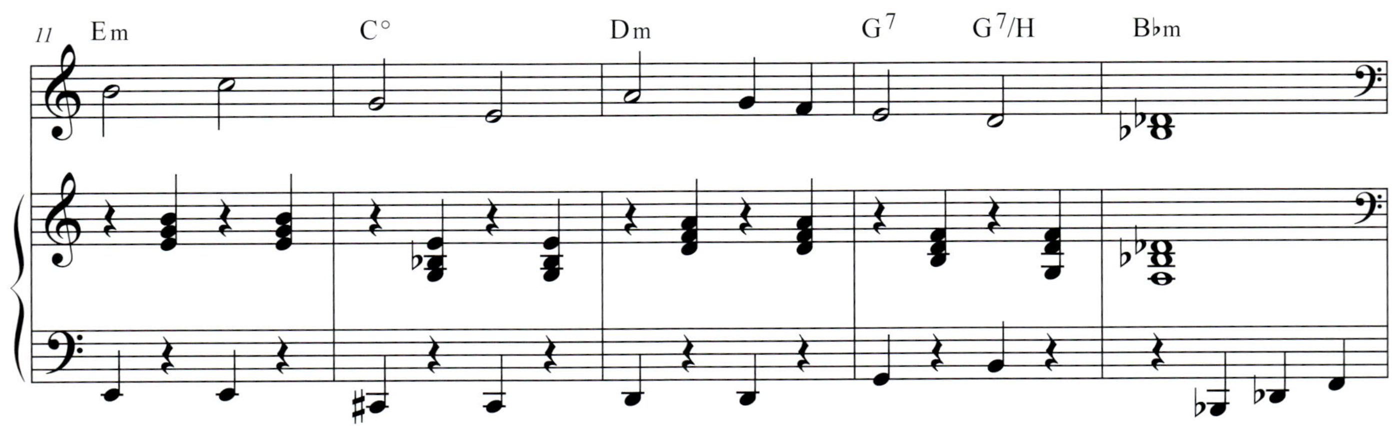

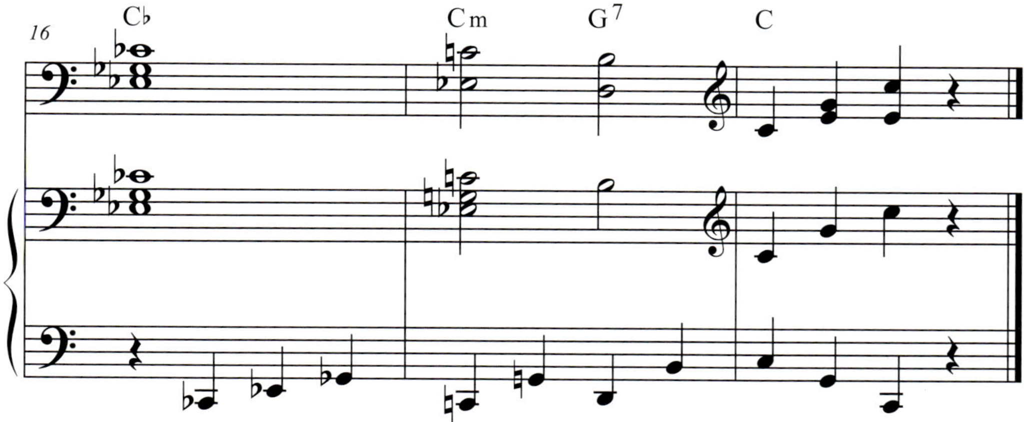

Schneckenstampfer tritt während der Musik auf, nähert sich dem arbeitenden Bauern Kunkel, tippt ihm auf die Schulter. Die Musik bricht abrupt an dieser Stelle ab. Kunkel lässt vor Schreck seine Hacke fallen.

Schneckenstampfer Heda! Guter Mann. Bin ich da richtig bei Bauer Kunkel?

Kunkel Äh, ja. Bauer Kunkel, so heiße ich.

Schneckenstampfer Fantastisch, ganz ausgezeichnet. Wir von der Firma „GardeniaOptimo" wollen Ihnen heute unsere ganz neue Produktlinie „MordioNatura" vorstellen. Ein Paket mit genau aufeinander abgestimmten Komponenten. Damit wird Ihr Bauernhof noch viel mehr Gewinn machen.

Kunkel Gewinn? Was soll ich gewinnen? Ich hab doch alles. Äpfel, Birnen, Salat, Tomaten, Radieschen, Kartoffeln, Honig … alles da. Für mich reicht's allemal. Was ich nicht selber essen kann, verkaufe ich auf dem Markt.

Schneckenstampfer Ja, ja, schön und gut. Aber Sie könnten noch viel mehr produzieren. Viel mehr verkaufen. Viel mehr verdienen.

Kunkel Und dann?

Schneckenstampfer Na, Sie könnten sich einen neuen Traktor kaufen.

Kunkel Aber ich hab doch schon einen, seit Ewigkeiten. Hat mich nie im Stich gelassen.

Schneckenstampfer Jaja, aber *falls* Sie mal einen neuen brauchen, dann … Es gibt so schöne neue Modelle. Schön bunt. Ihre Nachbarn werden vor Neid erblassen!

Kunkel Hm… und was machen Ihre Produkte so?

Schneckenstampfer Nun, das Wachstum anregen, Unkraut und Schädlinge bekämpfen. Ein Sprühstoß und alle Probleme sind gelöst. Sie wissen doch: „Schnecken sind des Bauern Schrecken." Und wir sagen: „Besser ein Ende mit Schrecken als Schnecken ohne Ende." Diese verteufelten Viecher fressen doch Ihren ganzen Salat, oder? Einmal sprühen – und weg ist der Schädling! Mehr Salat – mehr Gewinn!

Kunkel Naja, ich weiß nicht recht, das ist doch Gift, oder?

Schneckenstampfer Gift? So ein garstiges Wort. Ich bevorzuge „Optimierungs-Spray".

Kunkel *erleichtert* Ja, hört sich gleich viel besser an.

Schneckenstampfer Sehn Se! Und stelln Se sich mal vor: nie mehr zum Unkrautjäten bücken. Ein Sprühstoß und weg ist das Zeug. Einfach genial.

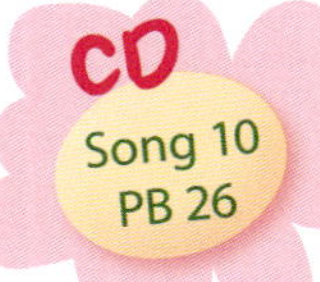

6. Toxic Waltz

(Schneckenstampfer)

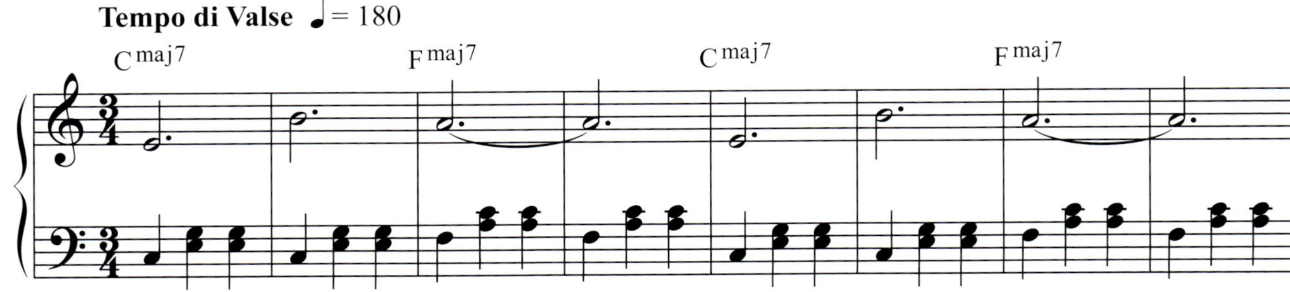

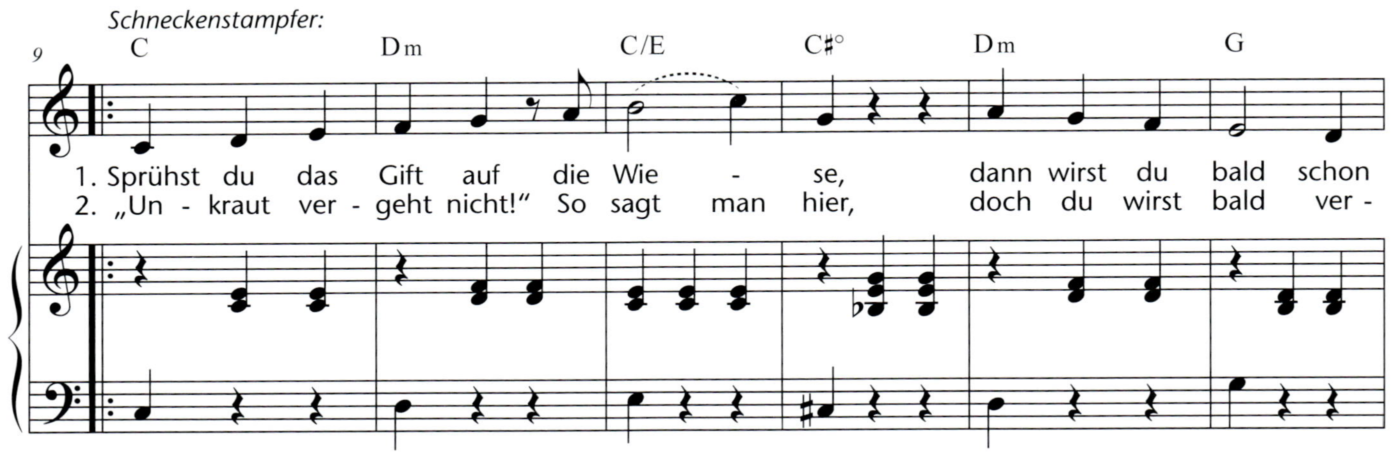

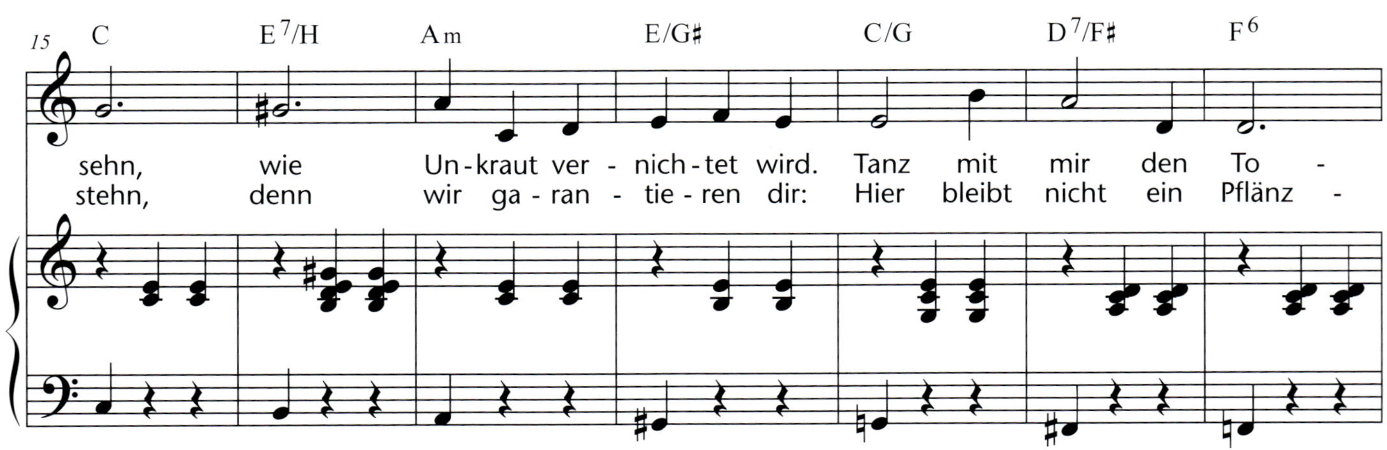

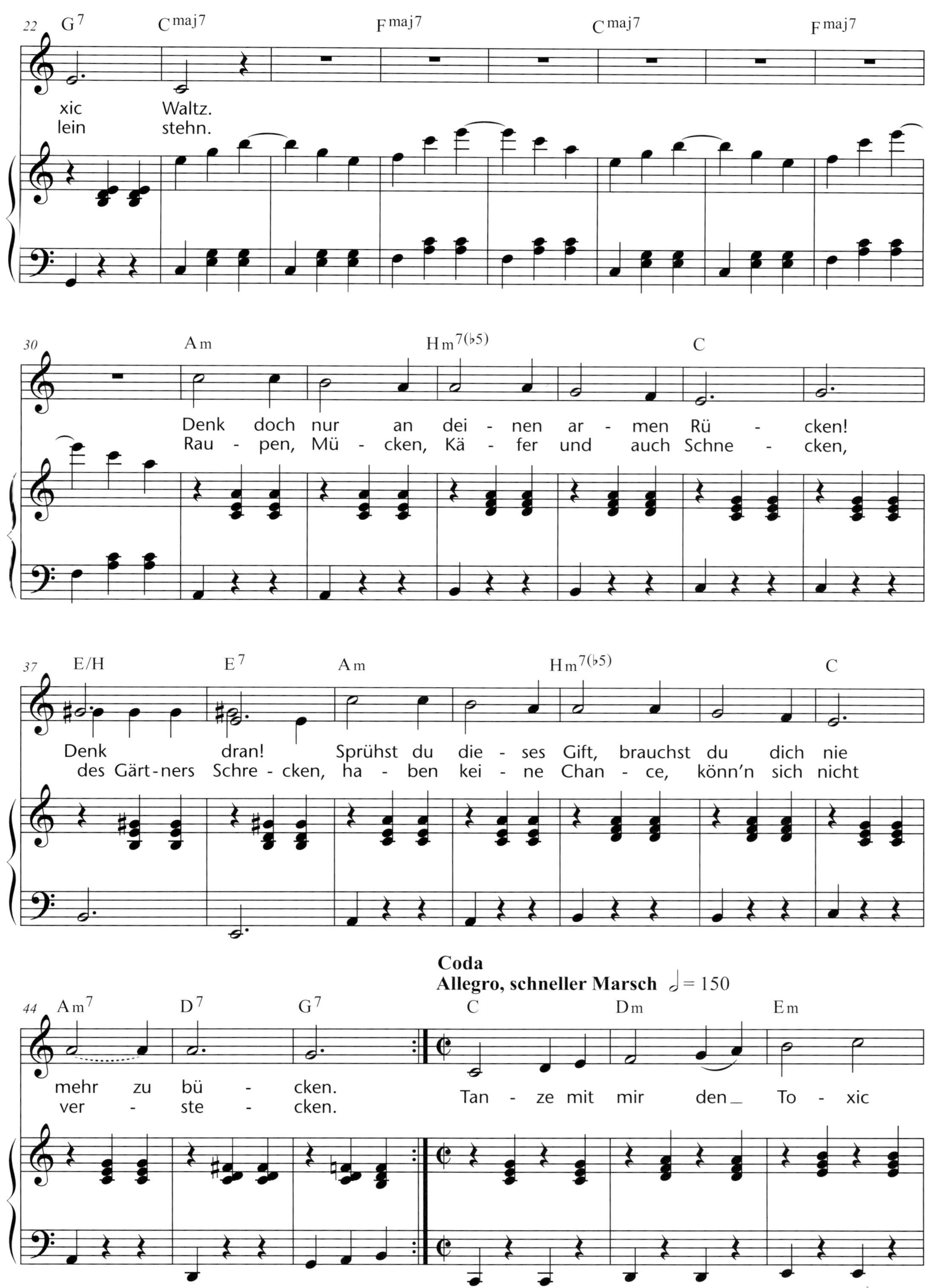

22
G7
Cmaj7
Fmaj7
Cmaj7
Fmaj7
xic Waltz.
lein stehn.
30
Am
Hm7(♭5)
C
Denk doch nur an dei - nen ar - men Rü - cken!
Rau - pen, Mü - cken, Kä - fer und auch Schne - cken,
37
E/H
E7
Am
Hm7(♭5)
C
Denk dran! Sprühst du die - ses Gift, brauchst du dich nie
des Gärt-ners Schre - cken, ha - ben kei - ne Chan - ce, könn'n sich nicht
Coda
Allegro, schneller Marsch = 150
44
Am7
D7
G7
C
Dm
Em
mehr zu bü - cken.
ver - ste - cken.
Tan - ze mit mir den_ To - xic

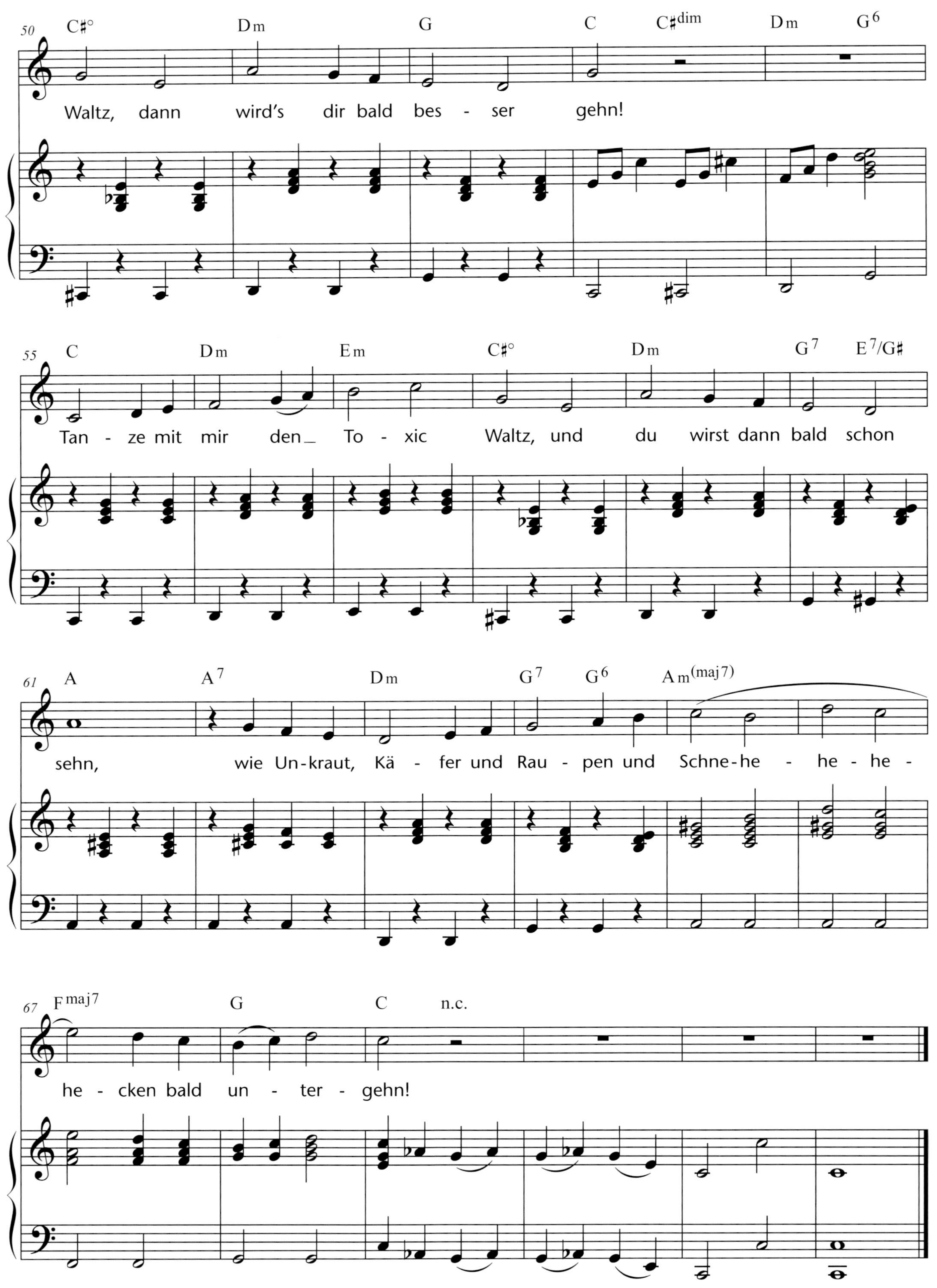
50
C♯°
Dm
G
C
C♯dim
Dm
G6
Waltz, dann wird's dir bald bes - ser gehn!
55
C
Dm
Em
C♯°
Dm
G7
E7/G♯
Tan - ze mit mir den_ To - xic Waltz, und du wirst dann bald schon
61
A
A7
Dm
G7
G6
Am(maj7)
sehn, wie Un-kraut, Kä - fer und Rau - pen und Schne-he - he - he -
67
Fmaj7
G
C
n.c.
he - cken bald un - ter - gehn!

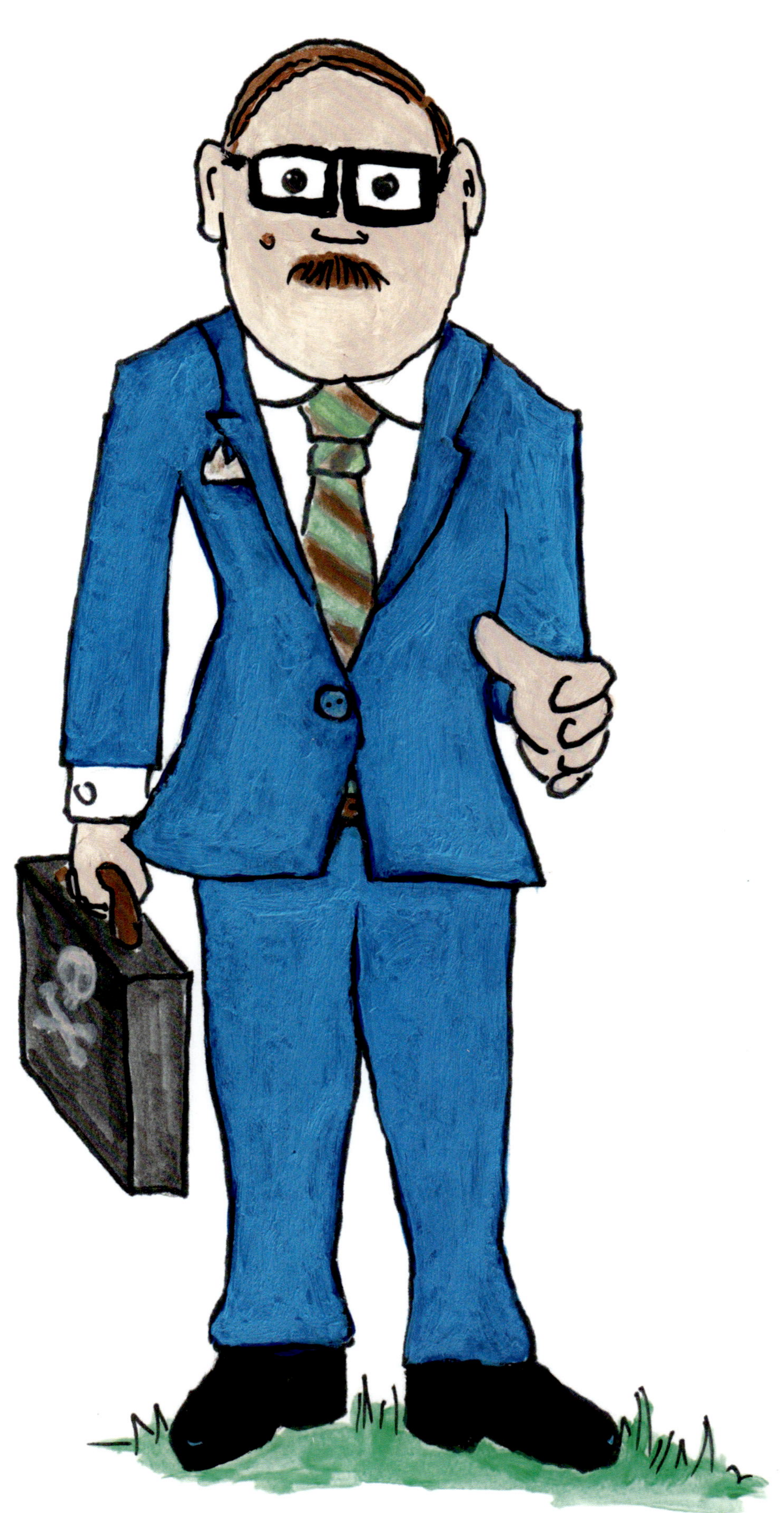

Kunkel Naja… nie mehr bücken zum Unkrautjäten, das wäre super. Mein Rücken zwickt manchmal ganz schön. Ich bin ja nicht mehr der Jüngste.

Schneckenstampfer Sehn Se! Irgendeinen Grund gibt's immer zur … ähäm… „Garten-Optimierung". Sie gestatten? *packt Giftspritze und Gasmaske aus*

Kunkel Was?

Schneckenstampfer Eine kleine Demonstration gefällig? Direkt hier. Gratis. So ein paar Sprühstöße und Sie werden sehen, wie effektiv unser Produkt ist. *sprüht die Wiese mit Gift ein* Etwas hierhin … etwas dorthin … So. Schon erledigt. Schaun Se mal! Man kann schon sehen, wie Unkraut und Ungeziefer vernichtet werden. Oh, ich liebe diesen Anblick. Welke Blätter, tote Käfer, die auf dem Rücken liegen. Einfach genial! „MordioNatura" und alles wird gut.

Kunkel Hmmm, naja, das Unkraut am Beet-Rand hat mich eigentlich noch nie gestört … und jetzt?

Schneckenstampfer Nun, in einer Woche komme ich nochmal vorbei und dann unterschreiben Sie den Vertrag. Dann bekommen Sie die ganz große Lieferung. Das vernichtet alles im Umkreis von zwei Kilometern. Bis dann. Tschühüss! *ab*

Kunkel Naja, ich weiß nicht. Aber verlockend ist es schon. Ich bräuchte nicht mehr so viel Unkraut zu jäten. *ab*

Szene 4: Von Schädlingen und Nützlingen

Fine, Giovanni, Schleimer

Fine, Giovanni und Schleimer treten auf.

Fine Was sollte *das* denn? Die wollen irgendwas sprühen.

Schleimer *schüttelt den Kopf* „Schnecken – des Bauern Schrecken." Frechheit, so was!

Giovanni Ascolta!* Also, ich hab's *so* verstanden, dass nur Unkraut und Schädlinge vernichtet werden. *nachdenklich* Wobei Unkraut ja durchaus was Nützliches sein kann … Zu was gehört ihr denn?

Fine Also *ich* bin ein Nützling. Ich bin auf der sicheren Seite. Und du, Schleimer?

Schleimer Ihr habt's doch gehört. Ab und zu genehmige ich mir ein paar Salatblätter, da rastet der Kunkel immer aus. Und dann gibt's 'ne Flugstunde gratis.

Fine Also gehörst *du* zu den Schädlingen.

Schleimer Auweia!

Fine Gut, dass *ich* ein Nützling bin – ähäm… im Prinzip.

Giovanni Stimmt. Im Prinzip *wäääres*t du ein Nützling, wenn du was arbeiten *wüüürdest*. Tust du aber nicht. Also bist du ein *schädlicher* Nützling. Capito?

Schleimer Oder ein nützlicher *Schädling*.

---

* Hört zu!

Fine Unwichtige Details – boah, jetzt bin ich vom Faulenzen richtig hungrig. Erst mal eine Portion Nektar. *geht zur besprühten Blume, nimmt Nektar.* Hä? Wie schmeckt das denn? Irgendwie eigenartig.

Schleimer Das ist von der besprühten Blume. Pass lieber auf!

Giovanni Der/die hat die ganze Wiese eingesprüht.

Fine *fühlt sich unwohl, torkelt* He, ich kann euch doppelt sehen. Mir wird ganz – blümerant. Mir wird ganz heiß … ich muss … mich … setzen …

Giovanni O mio Dio! Das Gift wirkt schon. Komm, wir legen Fine in den Schatten, unter den Apfelbaum!

Die drei ab.

Szene 5: Kriegsrat

Alle Wiesenbewohner

Alle Bienen (außer Fine) und weitere Wiesenbewohner treten auf.

Constanze So, da drüben waren wir schon, jetzt holt sich jeder noch eine Portion Blütenstaub und dann geht's zurück in den Stock. Unsere jungen Larven haben schon Hunger.

Die Bienen sammeln Nektar.

Aurelia Hmm… riecht irgendwie komisch …

Bella … schmeckt auch komisch …

Constanze … he, mir wird ganz anders …

Dafne … ich glaub, das ist – *vergiftet*!

Giovanni und Schleimer treten auf.

Giovanni Ganz recht!

Schleimer Da hat jemand Gift gesprüht! Ich hab's gesehen! Mit meinen eigenen vier Augen! Ich schwör.

Emma Ich hab Sehstörungen. Jetzt wär ich doch fast in den Hornissenbau geflogen.

Bella Und wieso haben die dich nicht gefressen?

Emma Die hatten auch Sehstörungen und dachten, ich wäre eine von ihnen.

Dafne Das hätte ganz schön ins Auge gehen können.

7. Mir ist so schlecht

(Wiesenbewohner: Solo, Chor ad lib.)

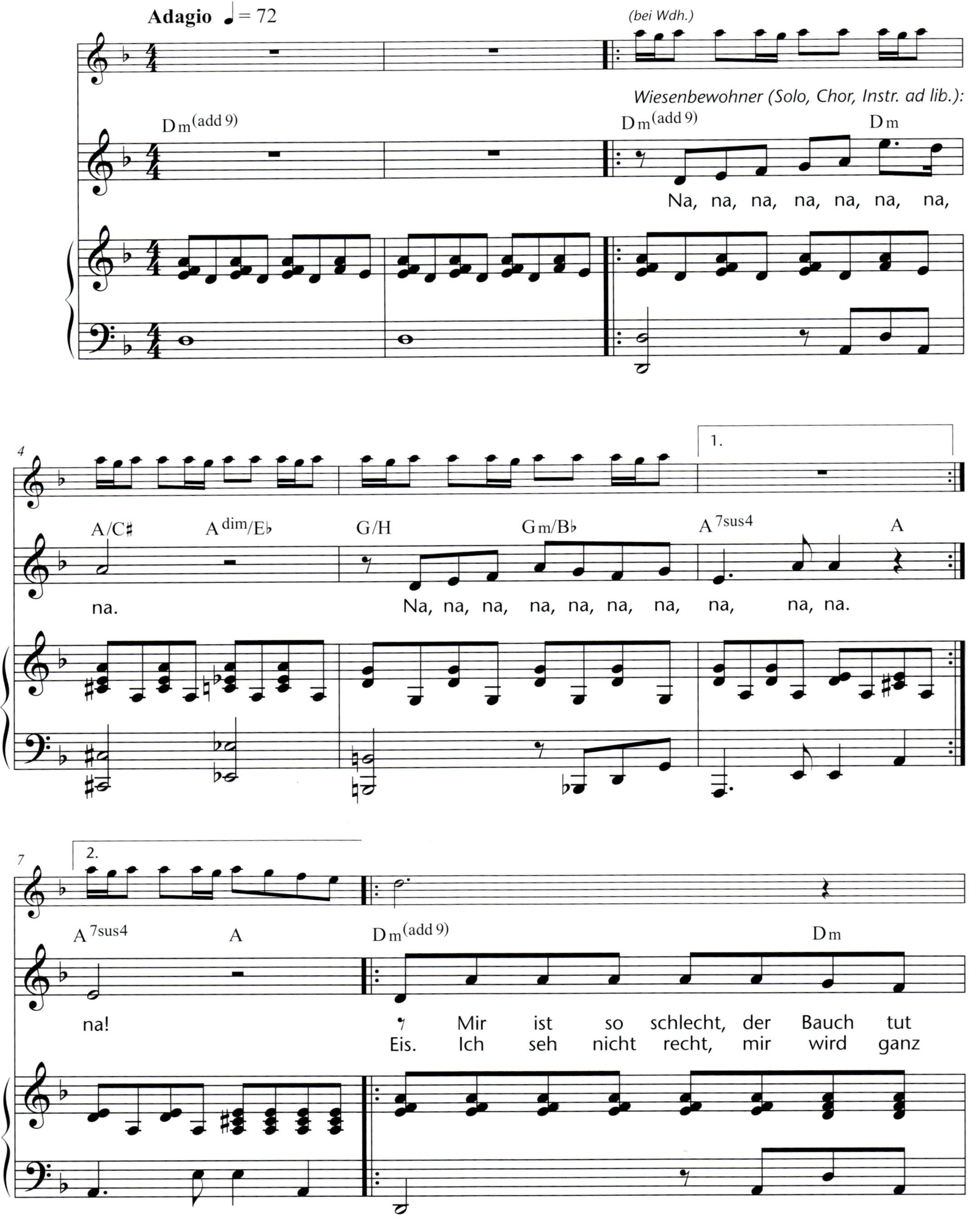

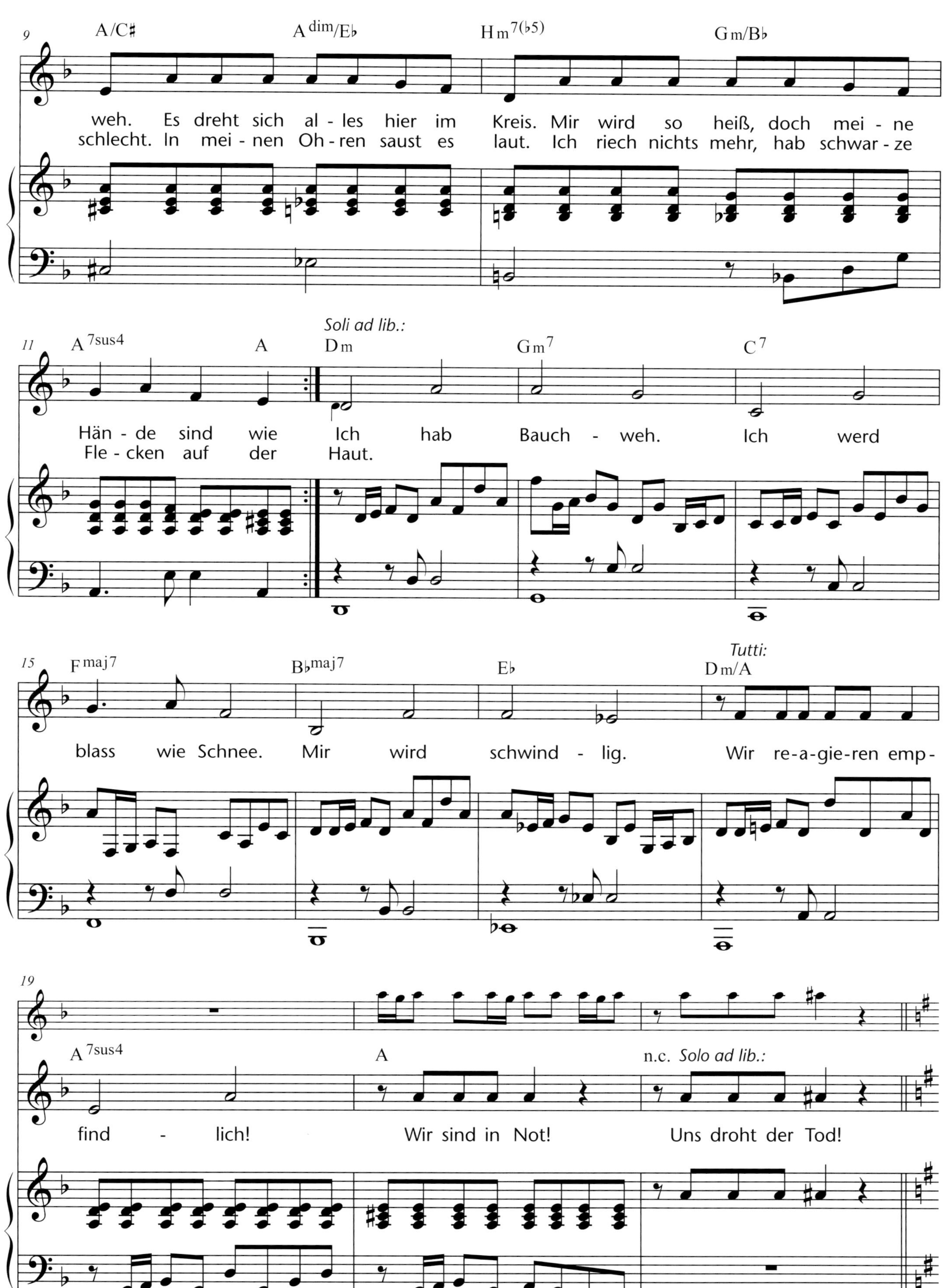
9
A/C♯ A dim/E♭ Hm 7(♭5) Gm/B♭
weh. Es dreht sich al - les hier im Kreis. Mir wird so heiß, doch mei - ne
schlecht. In mei - nen Oh - ren saust es laut. Ich riech nichts mehr, hab schwar - ze
Soli ad lib.:
11
A 7sus4 A Dm Gm 7 C 7
Hän - de sind wie Ich hab Bauch - weh. Ich werd
Fle - cken auf der Haut.
Tutti:
15
F maj7 B♭maj7 E♭ Dm/A
blass wie Schnee. Mir wird schwind - lig. Wir re-a-gie-ren emp -
19
A 7sus4 A n.c. Solo ad lib.:
find - lich! Wir sind in Not! Uns droht der Tod!

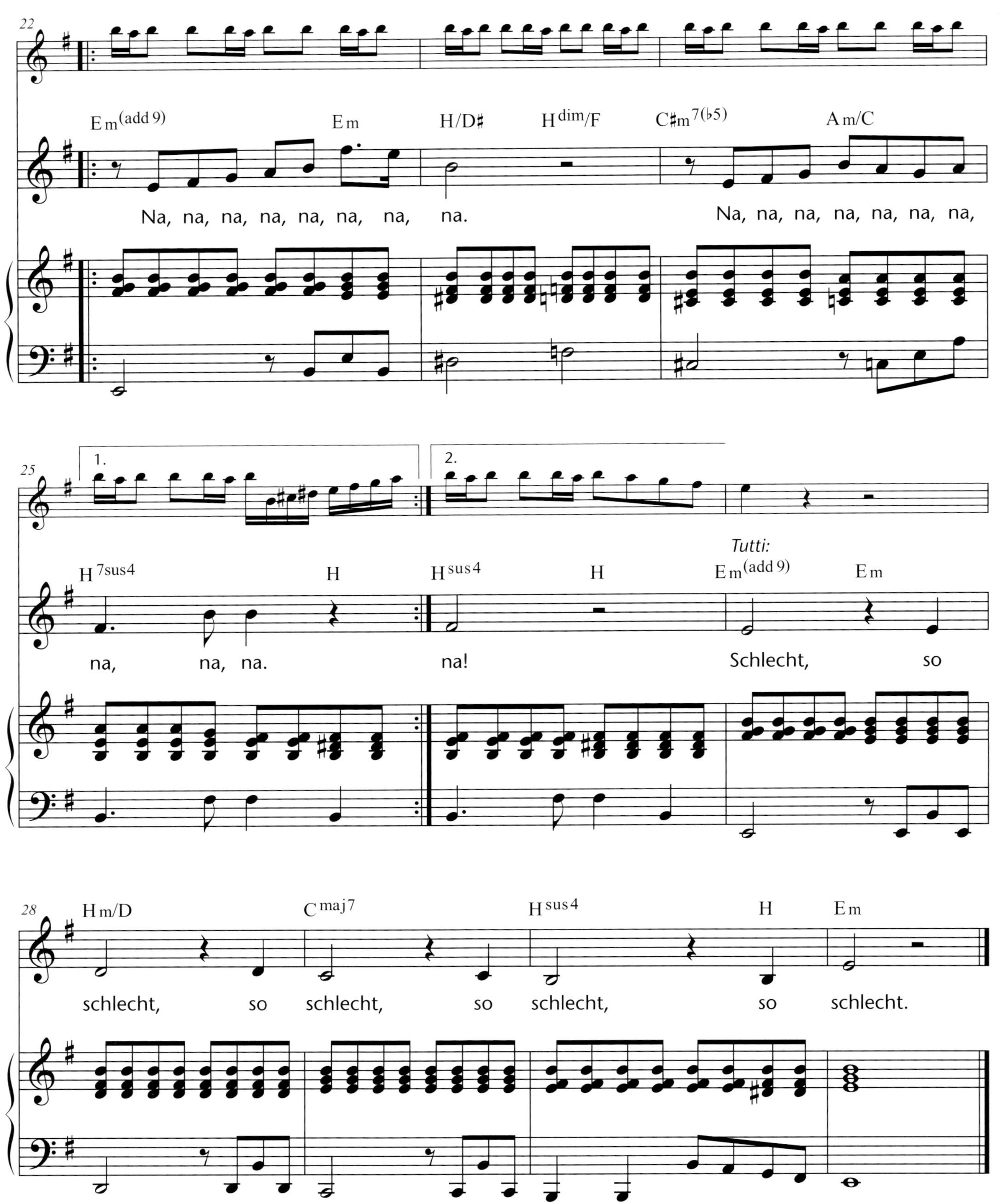
22
Em(add 9)
Em
H/D♯
Hdim/F
C♯m7(♭5)
Am/C
Na, na, na, na, na, na, na, na.
Na, na, na, na, na, na, na,
25
1.
2.
H7sus4
H
Hsus4
H
Tutti:
Em(add 9)
Em
na, na, na.
na!
Schlecht, so
28
Hm/D
Cmaj7
Hsus4
H
Em
schlecht, so schlecht, so schlecht, so schlecht.

Giovanni Seht ihr? Gift überall! Und die Menschen werden weitersprühen! Wir müssen was tun, sonst werden wir den Sommer nicht überleben!

Aurelia Wir müssen Kriegsrat halten! Los, ruft alle zusammen! Alle sollen kommen.

Constanze Auch die Hornissen?

Aurelia Äh… warte mal … nicht die Hornissen. Die informieren wir besser später.

Die Bienen stellen sich zum „Kriegsrat" auf.

Floretta I. Kinder! Wir stehen vor einem großen Problem! Diese schöne Wiese ist vergiftet.

Giovanni Und es kommt noch schlimmer! Nächste Woche soll *alles* Land von Bauer Kunkel eingesprüht werden.

Emma Was? Wie sollen wir da unsere Kinder großziehen? Was ist mit dem Honig? Mir ist jetzt schon ganz schummerig, ich kann nicht arbeiten … ich hab Fieber …

Floretta I. Ja. Und unsere Kinder werden sterben.

Aurelia Aber was sollen wir tun? Wie können wir Bauer Kunkel von seinem Plan abbringen? Menschen hören nicht auf die Natur.

Constanze *kämpferisch* Wir starten einen Großangriff! Wir vergelten Gift mit Gift. Schließlich haben wir auch Gift.

Dafne Sei doch kein Trottel! Darüber lachen die Menschen nur. Außerdem: Gewalt hilft uns hier nicht weiter.

Floretta I. Du hast Recht. Aber wie können wir Bauer Kunkel von seinem Plan abbringen? Wir müssen ihn irgendwie *überzeugen*! – Aber wie nur? Wer hat eine Idee?

Emma *meldet sich mit Schnipsen* Wir könnten ihm einen Brief schreiben.

Constanze Trottel! Bienen können doch nicht schreiben!

Emma Auch wieder wahr. Wie wäre es, wenn wir ihm das Problem vortanzen? *macht eine Drehbewegung*

Constanze Menschen verstehen den Bienentanz nicht.

Bella Menschen sind echt zu dämlich.

Floretta I. Also? – Weitere Vorschläge? –

Alle Bienen *nach einer Denkpause, verzweifelt* Uns fällt nichts ein!!!

Fine tritt auf. Sichtlich angeschlagen, müde, gähnt …

Constanze *übertrieben freundlich* Da kommt ja unser liebes Schwesterchen. Na – schon ausgeschlafen? Ein Tässchen Tee gefällig? Vielleicht einen Keks? – *plötzlich wütend, verächtlich* Du faules Wesen! Wir kämpfen um unser Leben und Madame ruhen sich aus. Das ist mal wieder …

Floretta I. Moment mal … Was hast du gerade gesagt?

Constanze Ich hab gesagt: „Da kommt ja unser liebes Schwesterchen …"

Floretta I. Nein, das andere … am Schluss!

Constanze … „Madame ruhen sich aus"?

Floretta I. Das ist es! Das ist die Lösung! *umarmt die sichtlich verstörte Fine* Oh Fine. Faulste meiner Töchter! Danke dir! Geniale Idee! … Wir ruhen uns aus, machen mal nix. Niente, nada, dolce vita – wir machen auf „tote Hose". Wir streiken!

Aurelia Und was soll das bringen?

Floretta I. Na, wer bestäubt denn die Blüten? Das machen *wir*. Keine Bienen, keine Bestäubung. Keine Bestäubung, keine Ernte. Wir müssen Bauer Kunkel davon überzeugen, dass er uns *braucht*. Er muss verstehen, dass er unsere Welt nicht vergiften darf. Weil dann alle verlieren. Man kann Geld nicht essen!

Giovanni Und wir haben nur eine Woche Zeit!

Schleimer Na dann … hopphopp! *ausgesprochen wie „hoophooooop"*

Fine Wieso sind Schnecken immer so ungeduldig?

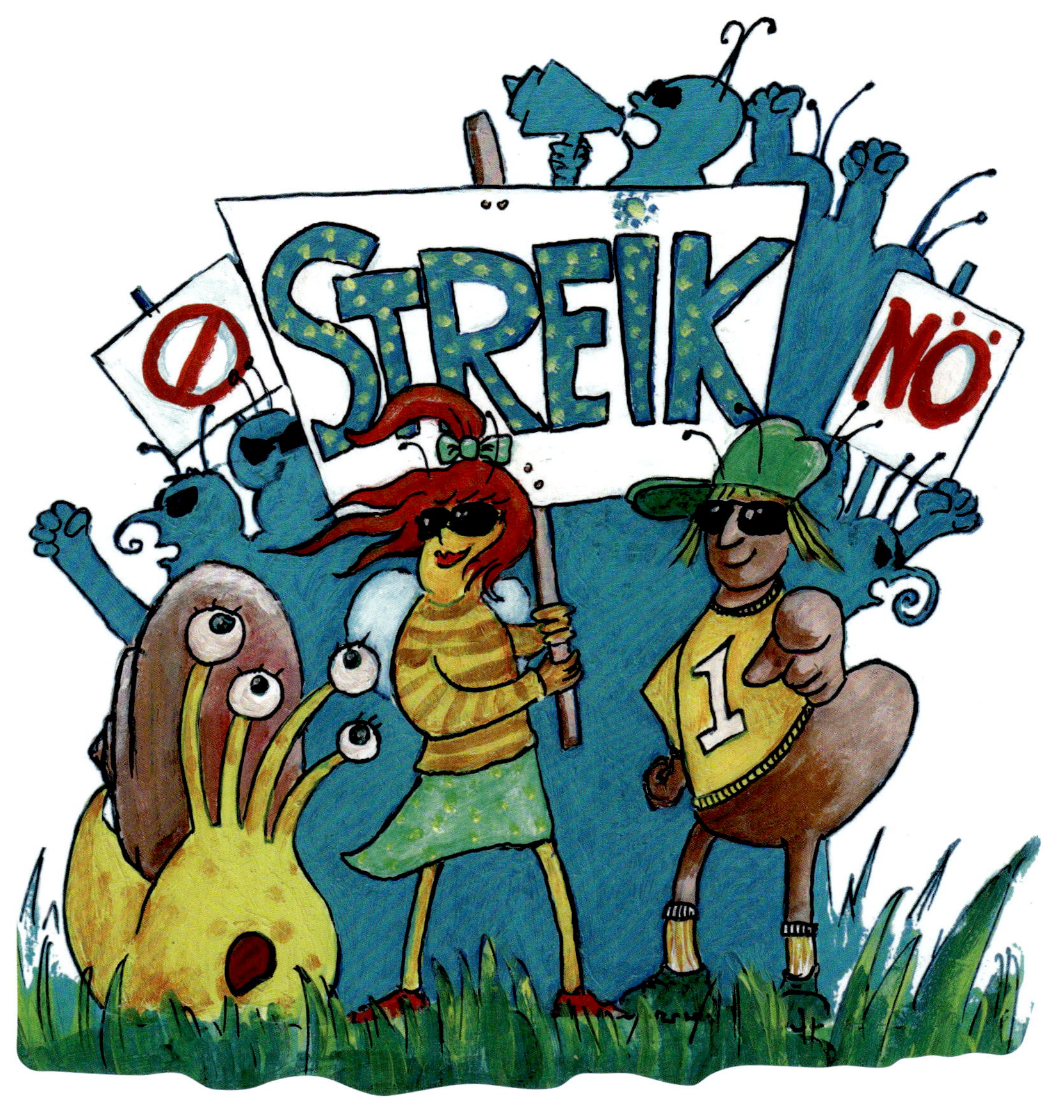

8. Streik!

(Wiesenbewohner: Solo, Chor ad lib.)

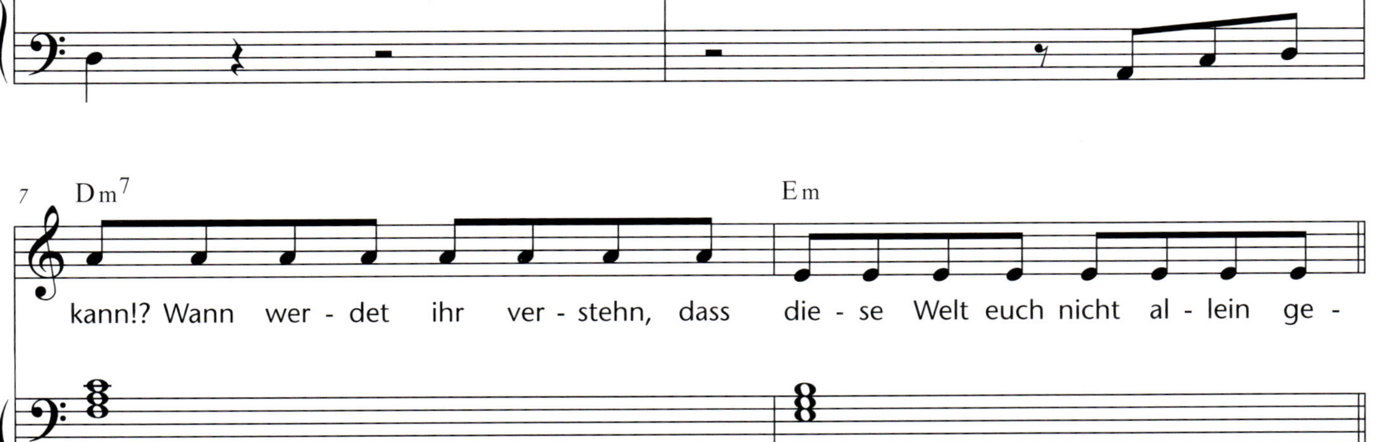

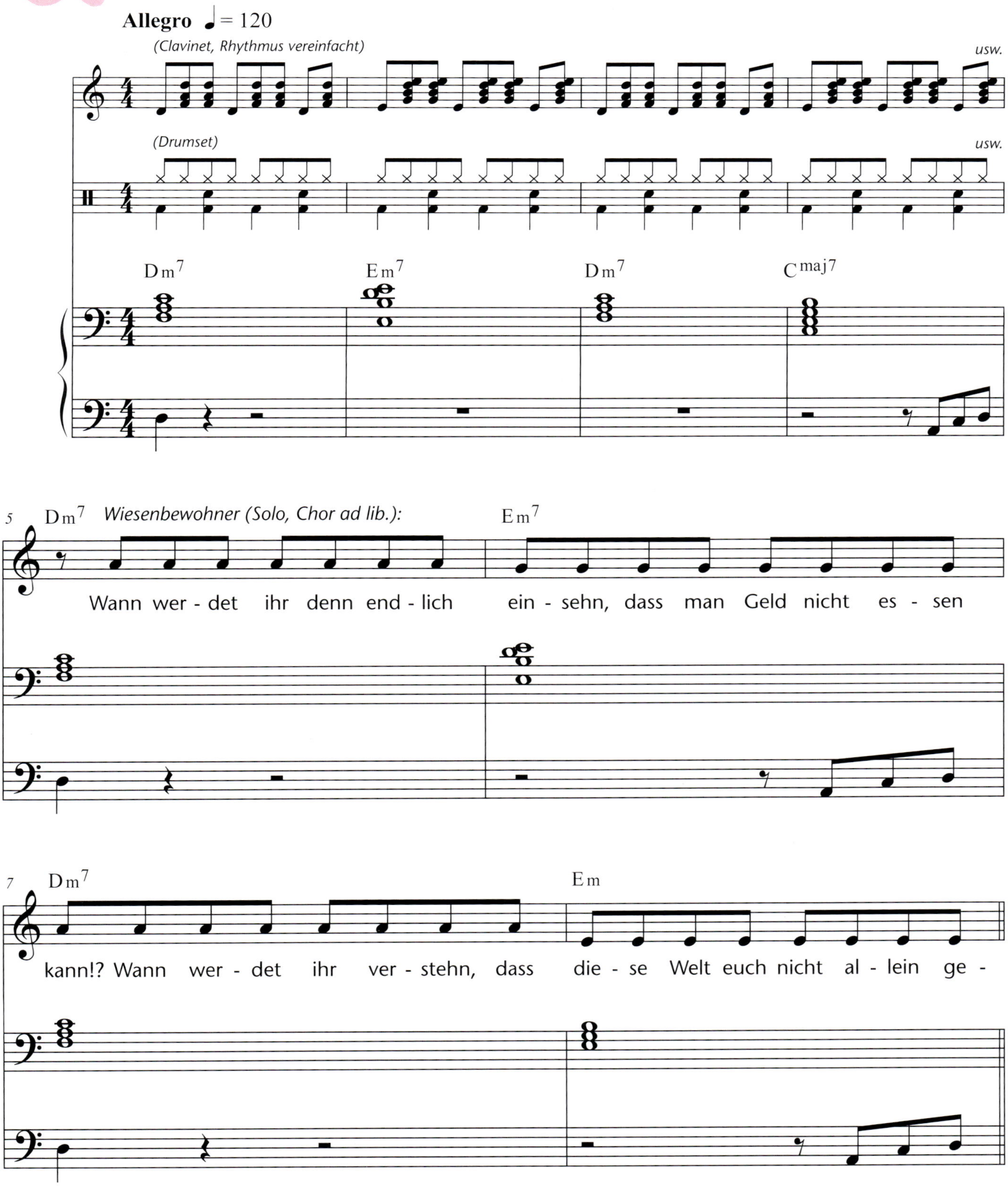

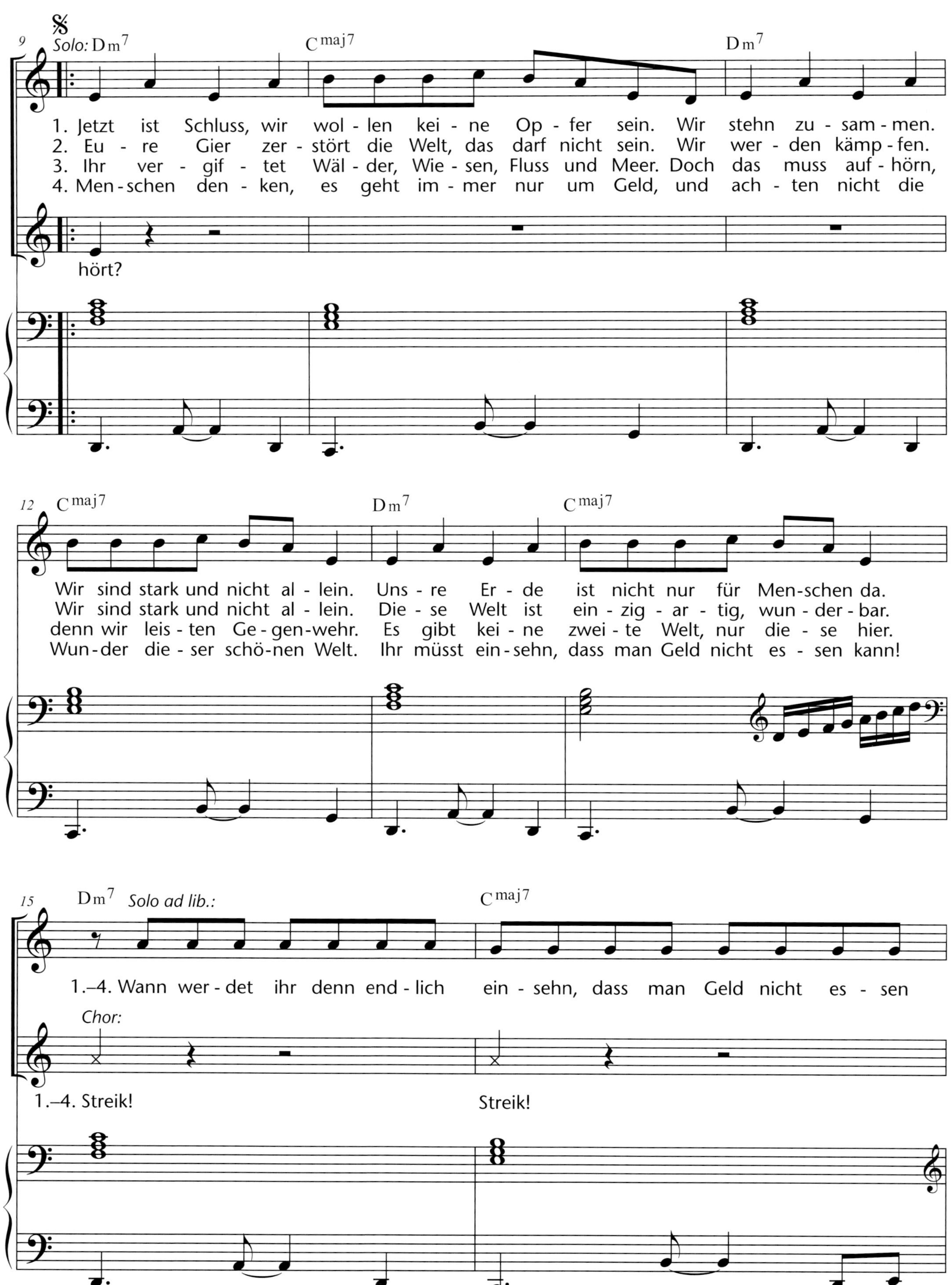
9
Solo: Dm7
Cmaj7
Dm7
1. Jetzt ist Schluss, wir wol - len kei - ne Op - fer sein. Wir stehn zu - sam - men.
2. Eu - re Gier zer - stört die Welt, das darf nicht sein. Wir wer - den kämp - fen.
3. Ihr ver - gif - tet Wäl - der, Wie - sen, Fluss und Meer. Doch das muss auf - hörn,
4. Men - schen den - ken, es geht im - mer nur um Geld, und ach - ten nicht die
hört?
12
Cmaj7
Dm7
Cmaj7
Wir sind stark und nicht al - lein. Uns - re Er - de ist nicht nur für Men - schen da.
Wir sind stark und nicht al - lein. Die - se Welt ist ein - zig - ar - tig, wun - der - bar.
denn wir leis - ten Ge - gen - wehr. Es gibt kei - ne zwei - te Welt, nur die - se hier.
Wun - der die - ser schö - nen Welt. Ihr müsst ein - sehn, dass man Geld nicht es - sen kann!
15
Dm7
Solo ad lib.:
Cmaj7
1.–4. Wann wer - det ihr denn end - lich ein - sehn, dass man Geld nicht es - sen
Chor:
1.–4. Streik!
Streik!

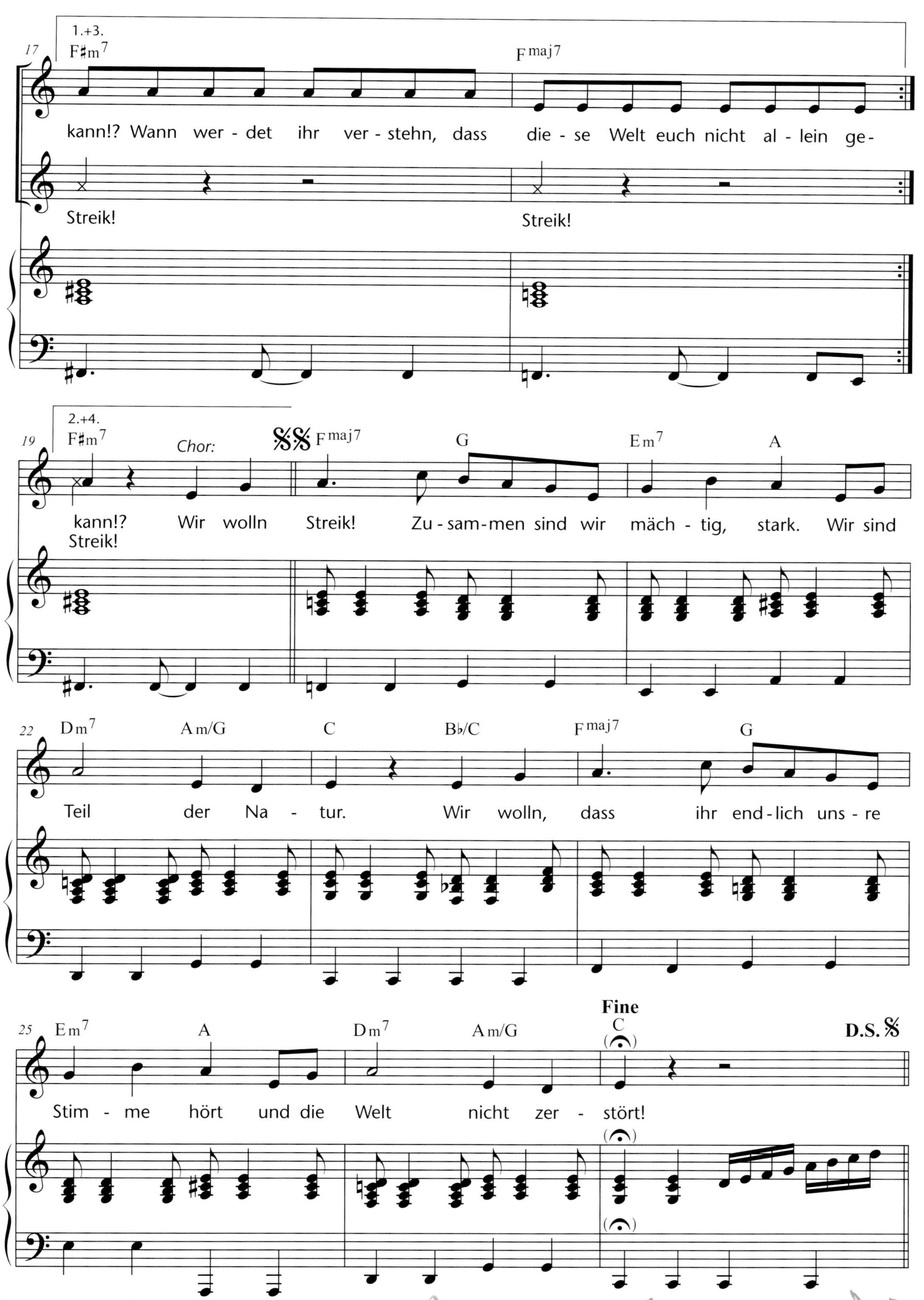

1.+3.
F♯m7
Fmaj7
kann!? Wann wer - det ihr ver - stehn, dass die - se Welt euch nicht al - lein ge-
Streik!
Streik!
2.+4.
F♯m7
Chor:
Fmaj7
G
Em7
A
kann!? Wir wolln Streik! Zu - sam - men sind wir mäch - tig, stark. Wir sind
Streik!
Dm7
Am/G
C
B♭/C
Fmaj7
G
Teil der Na - tur. Wir wolln, dass ihr end - lich uns - re
Em7
A
Dm7
Am/G
Fine
C
D.S.
Stim - me hört und die Welt nicht zer - stört!

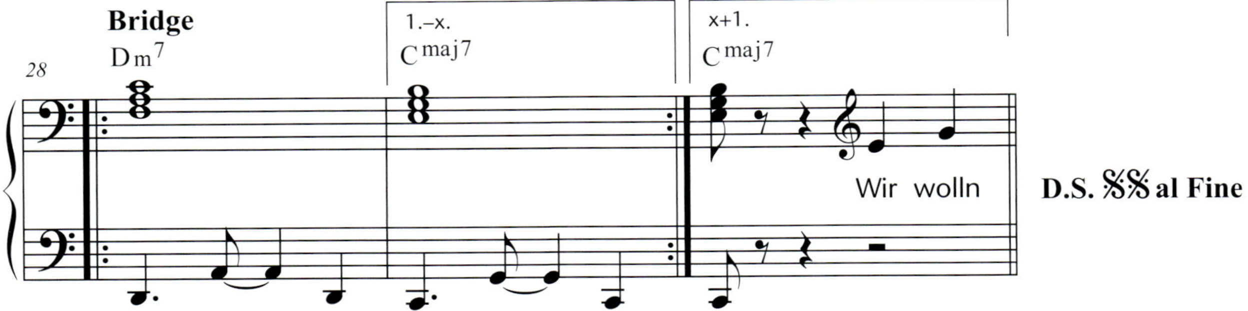

Folgendes wird zur Bridge des Songs gesprochen …

einzelne Wiesenbewohner

Hört unsere Forderung:
Es darf kein Gift auf der Wiese gesprüht werden. Sonst wird …
ERSTENS: keine Blüte mehr bestäubt werden,
ZWEITENS: kein Vogel mehr singen und keine Grille zirpen.
DRITTENS: Wir machen auf „tote Hose".
Denn erst wenn der letzte Baum gerodet, der letzte Fluss vergiftet,
der letzte Fisch gefangen ist, werdet ihr merken, …
VIERTENS: … dass man Geld nicht essen kann.
Wir wolln Streik!

Alle Wir wolln Streik! *bei Bedarf mehrmals wiederholen, dann letzten Refrain singen*

Szene 6: Tote Hose

Bauer Kunkel, Silvanus/Silvia Schneckenstampfer

Eine Woche später:
Bauer Kunkel tritt auf und wirkt sichtlich unglücklich: Er hat bemerkt, dass die Blüten nicht bestäubt werden. Die Bienen sind im Streik (sitzen/liegen im Bühnenhintergrund). Um die Blütezeit nicht zu verpassen, bestäubt er die Blüten seiner Obstbäume selber mit einer Hahnenfeder.

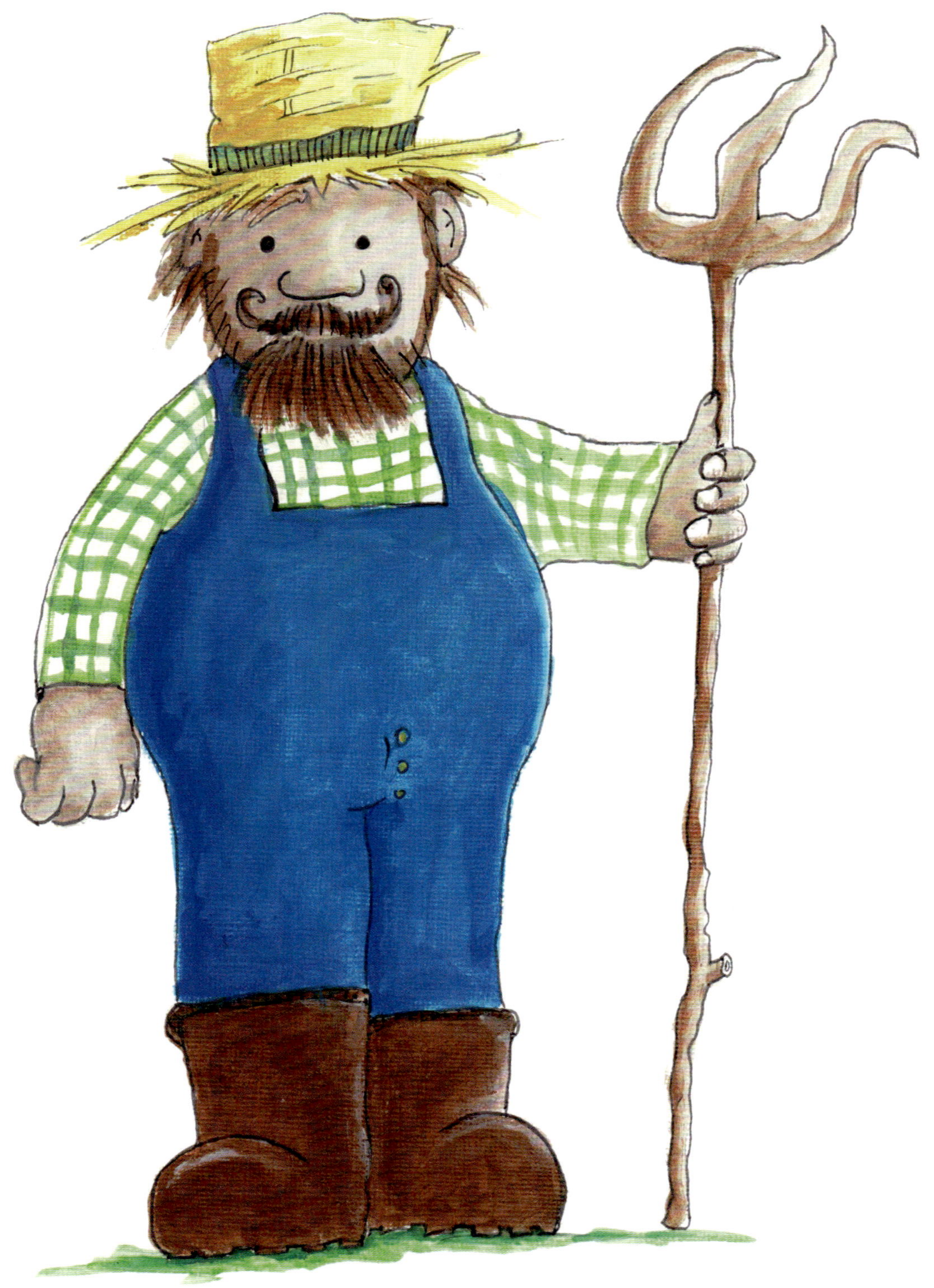

CD Song 15 PB 29

9. Zwischenaktmusik (Ich hab Rücken)

(instrumental)

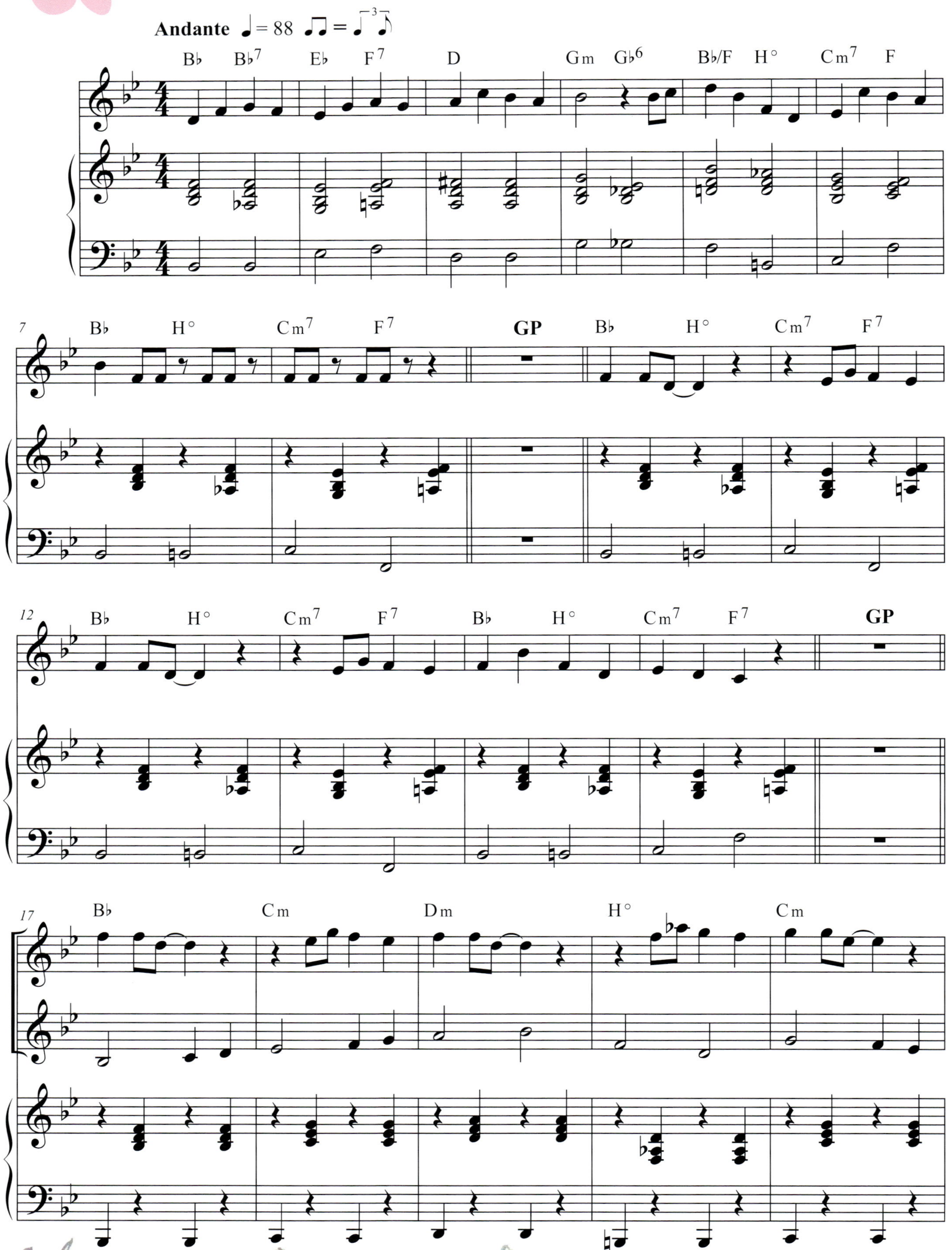

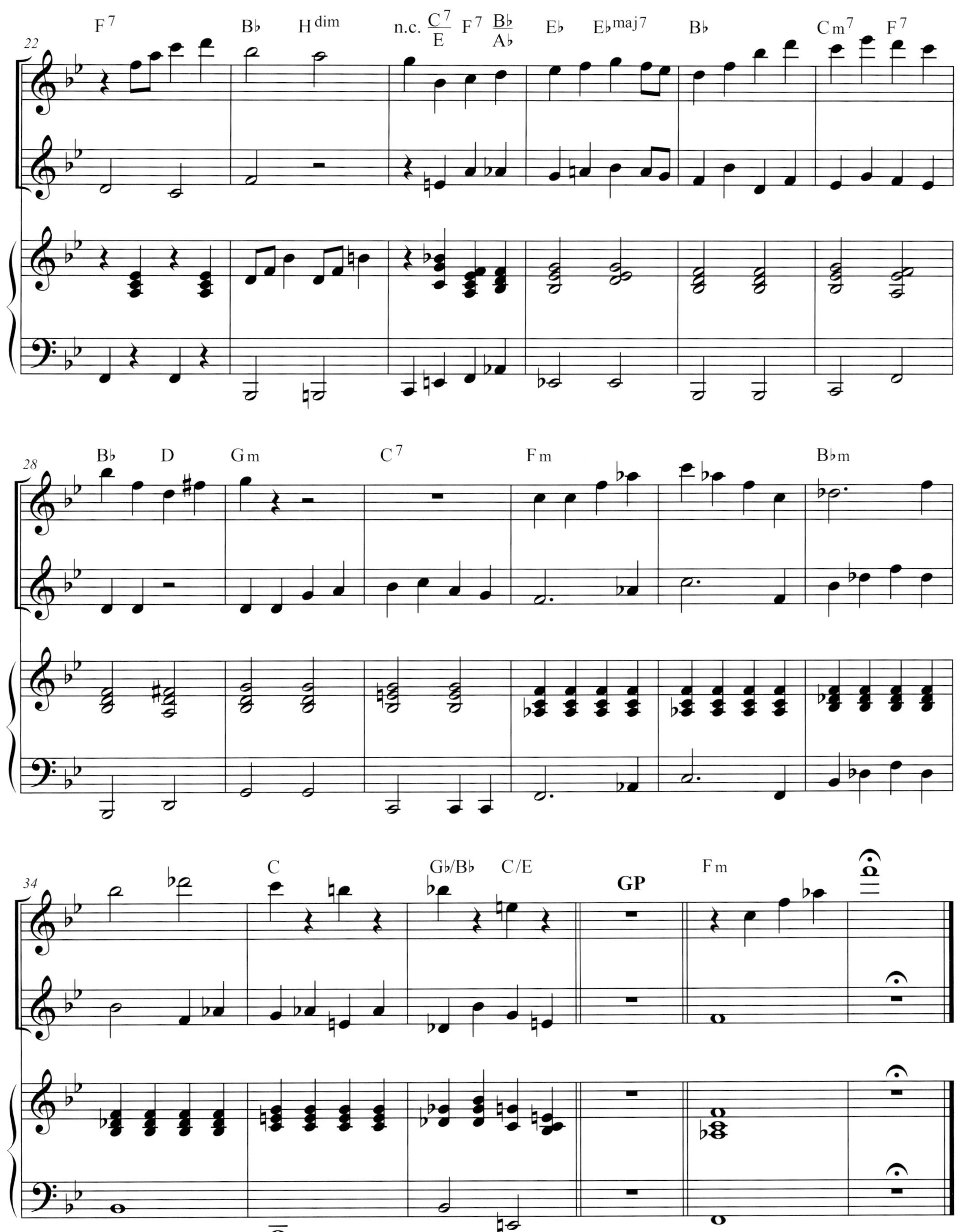
F7
B♭
H dim
n.c.
C7/E
F7
B♭/A♭
E♭
E♭maj7
B♭
Cm7
F7
B♭
D
Gm
C7
Fm
B♭m
C
G♭/B♭
C/E
GP
Fm

Bauer Kunkel ist sichtlich erschöpft und der Rücken tut ihm weher als je zuvor. Folgender Text wird gesprochen zur „Zwischenakt-musik" (Nr. 9), ab der ersten Generalpause (GP); die Musik wird bei Bedarf am Ende ausgeblendet.

Kunkel 317 … 318 … Oweh, mein armer Rücken! … 319 … 320 … Aber ich darf die Blütezeit nicht verpassen, sonst gibt es keine Ernte … 321 … 322 … Wieso streiken die Bienen nur? Unerklärlich. Sie sind doch sonst so fleißig! Jetzt muss ich das selber machen. 322 Blüten habe ich schon bestäubt. Aber das sind ja Millionen? Das schaff ich nie! Und Honig gibt es auch keinen. Was mach ich nur im Winter in meine warme Milch? … *spätestens jetzt Musik ausblenden* Und diese Stille … gespenstisch! Man hört rein gar nichts … *lauscht einen Moment lang der Stille*

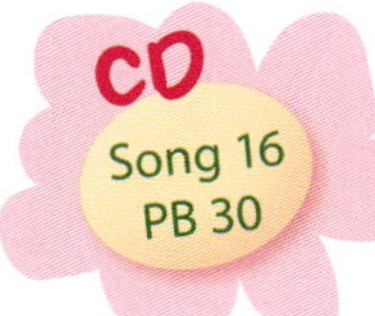

10. Vor gar nicht allzu langen Zeiten

(Kunkel, alternativ: „Stimme der Natur")

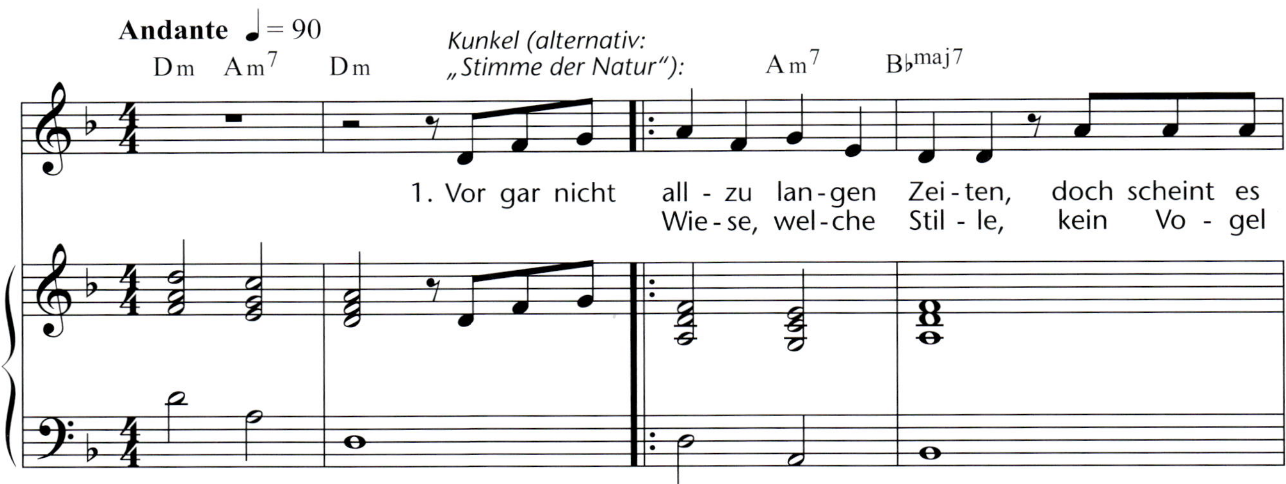

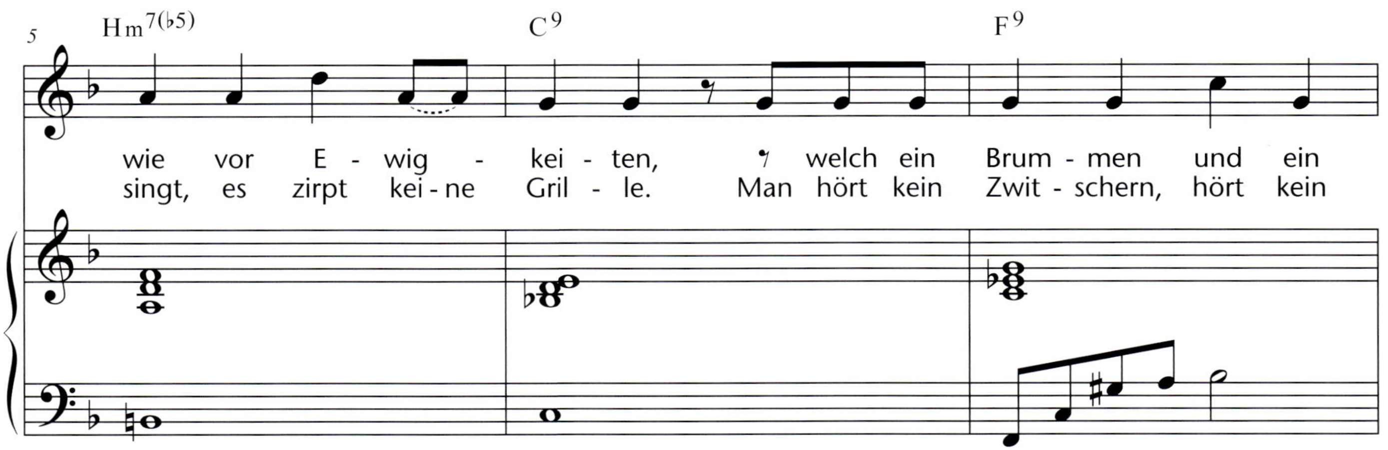

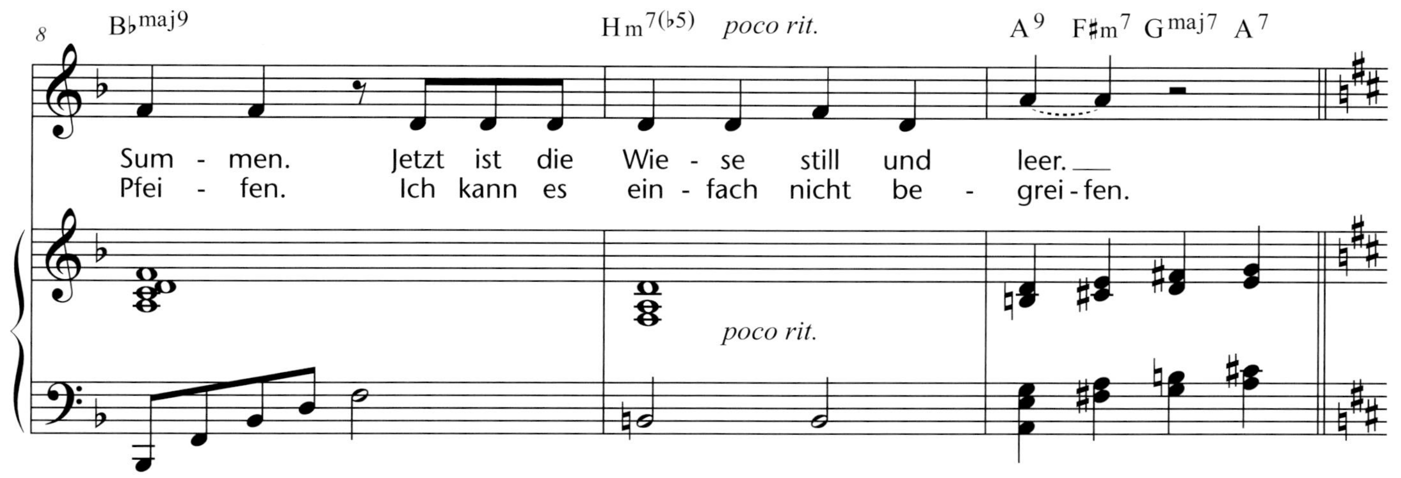

poco meno mosso

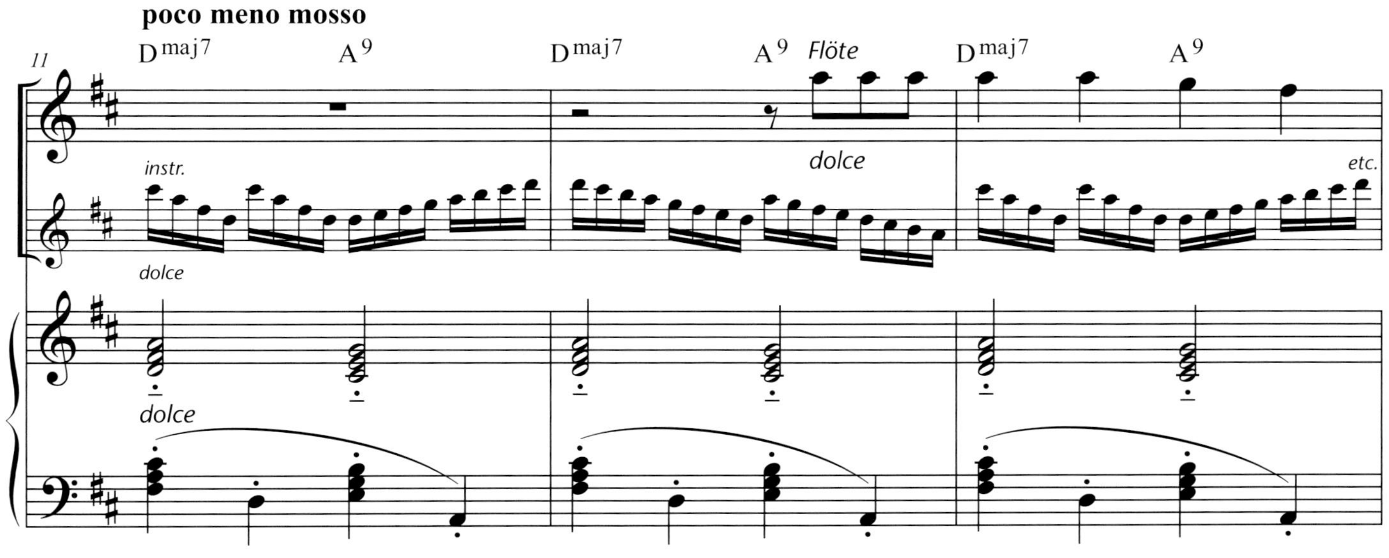

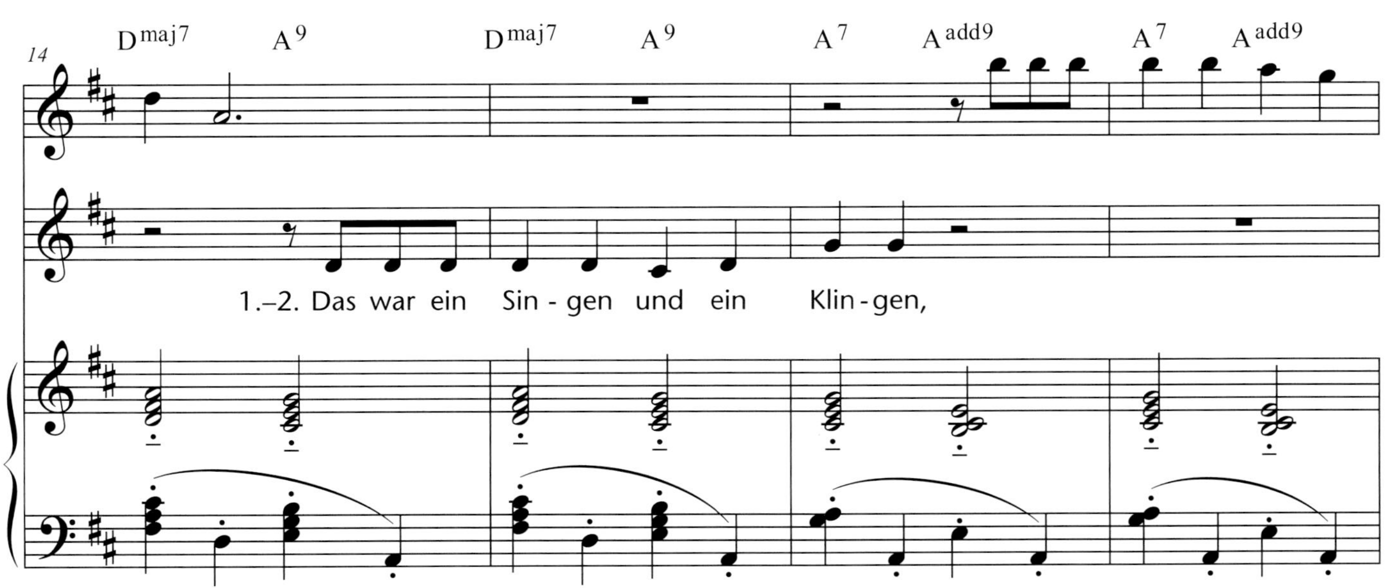

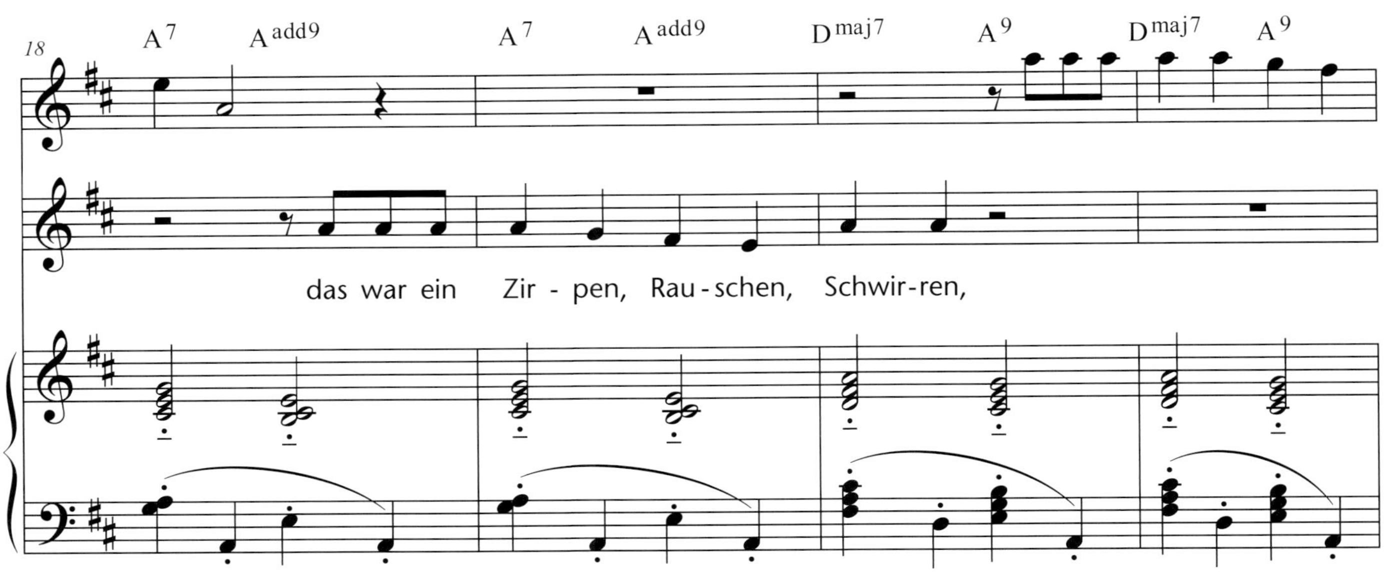
18
A7
Aadd9
A7
Aadd9
Dmaj7
A9
Dmaj7
A9
das war ein Zir - pen, Rau - schen, Schwir-ren,

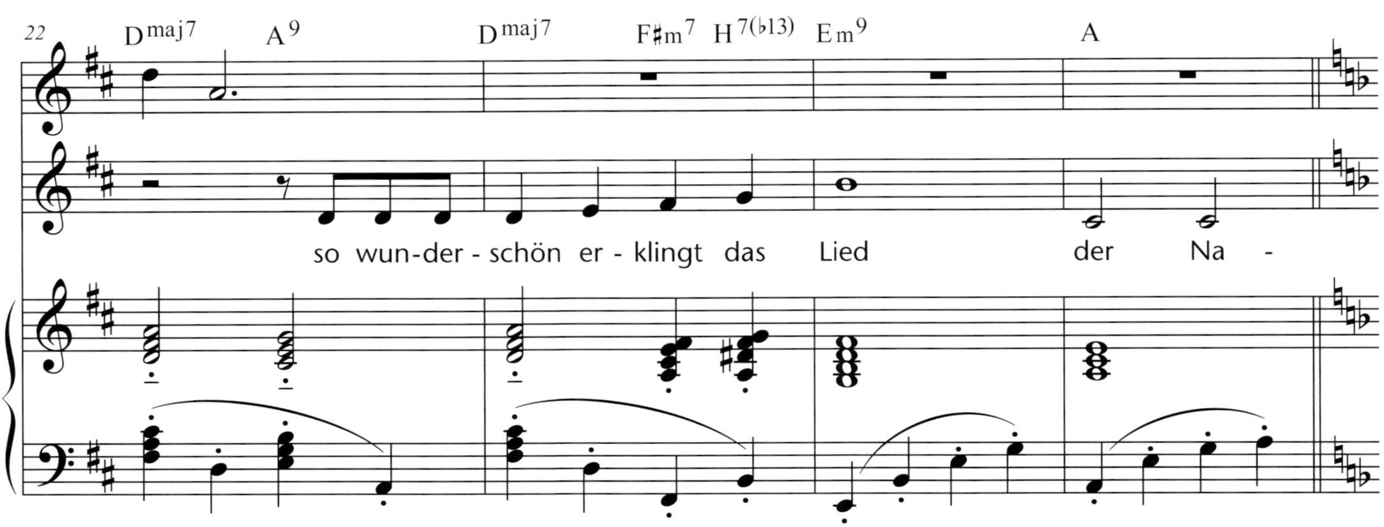
22
Dmaj7
A9
Dmaj7
F♯m7
H7(♭13)
Em9
A
so wun-der - schön er - klingt das Lied der Na -

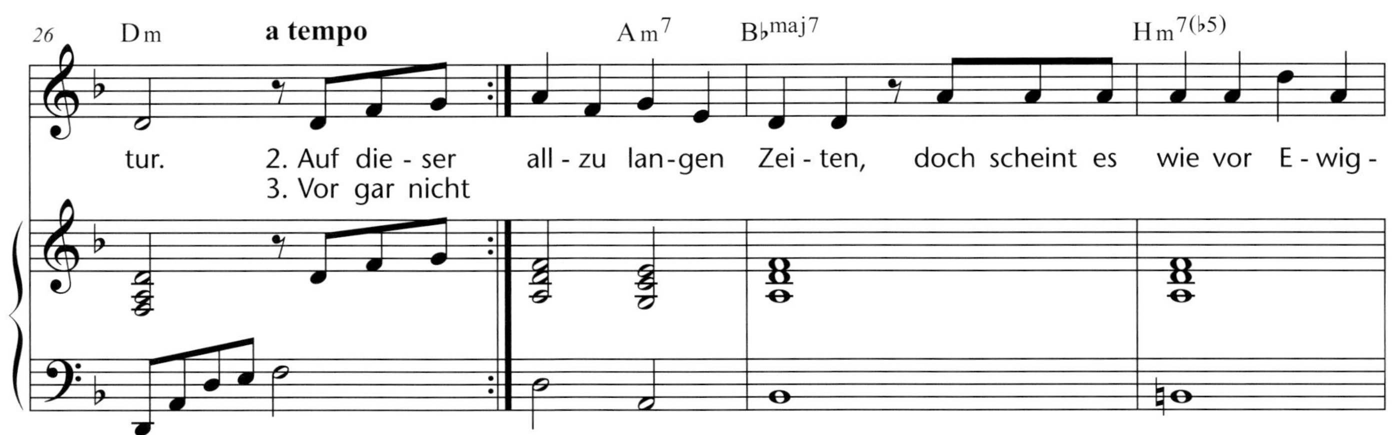
26
Dm
a tempo
Am7
B♭maj7
Hm7(♭5)
tur. 2. Auf die - ser all - zu lan-gen Zei - ten, doch scheint es wie vor E - wig -
3. Vor gar nicht

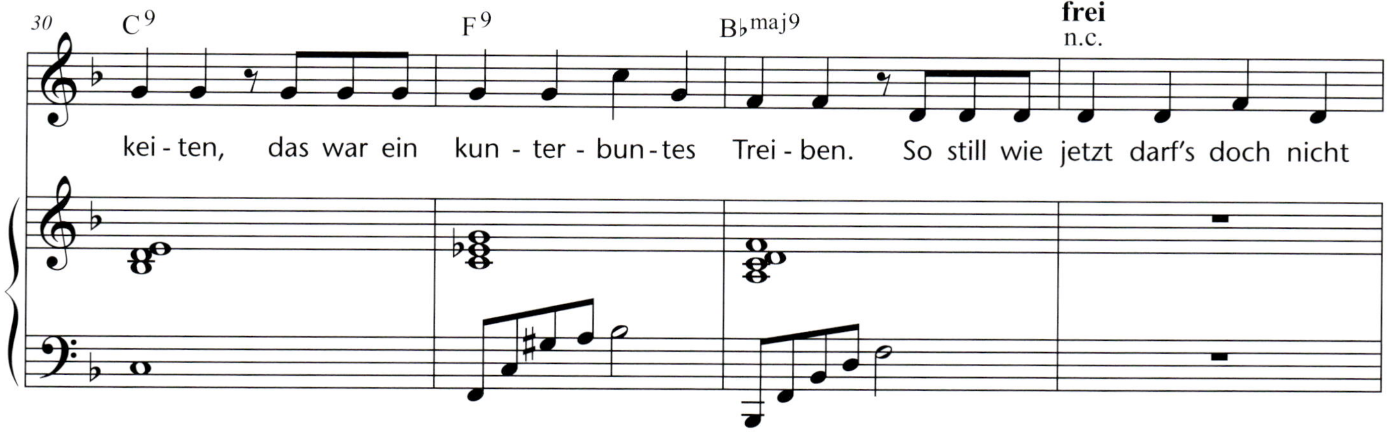

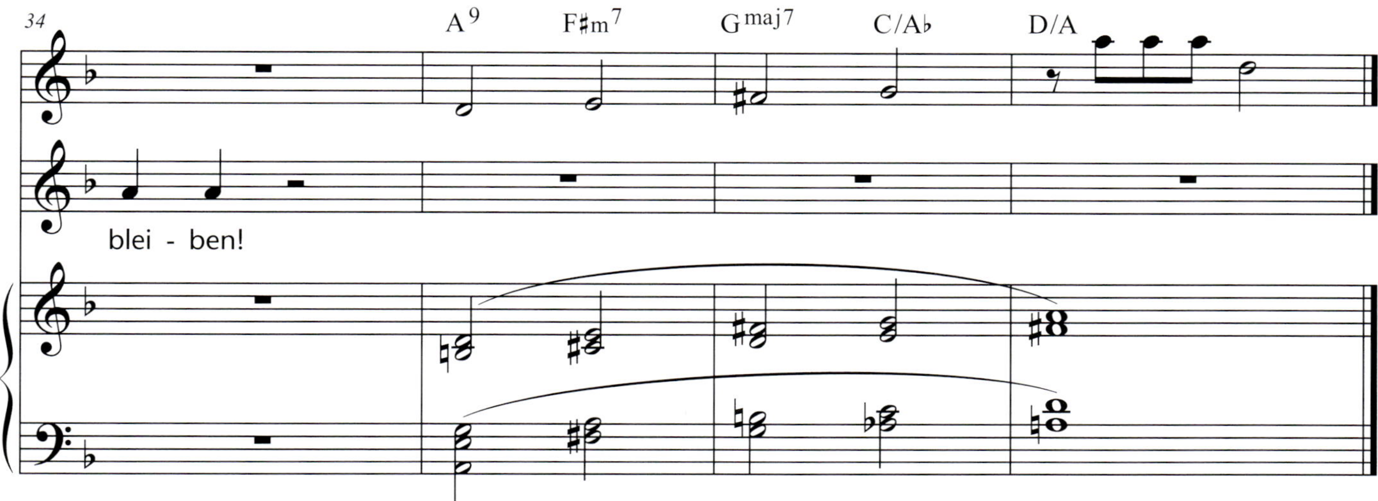

Kunkel bestäubt weiter und spricht folgenden Text zur Musik Nr. 11. Auch hier kann bei Bedarf vorzeitig ausgeblendet werden.

Kunkel 323 … 324 … 325 … Was soll ich im Winter nur essen?
Ich werde verhungern! … 326 … 327 … 328 …

CD
Song 17
PB 31

11. Toxic Walk (Reprise)

(instrumental)

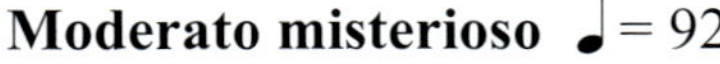

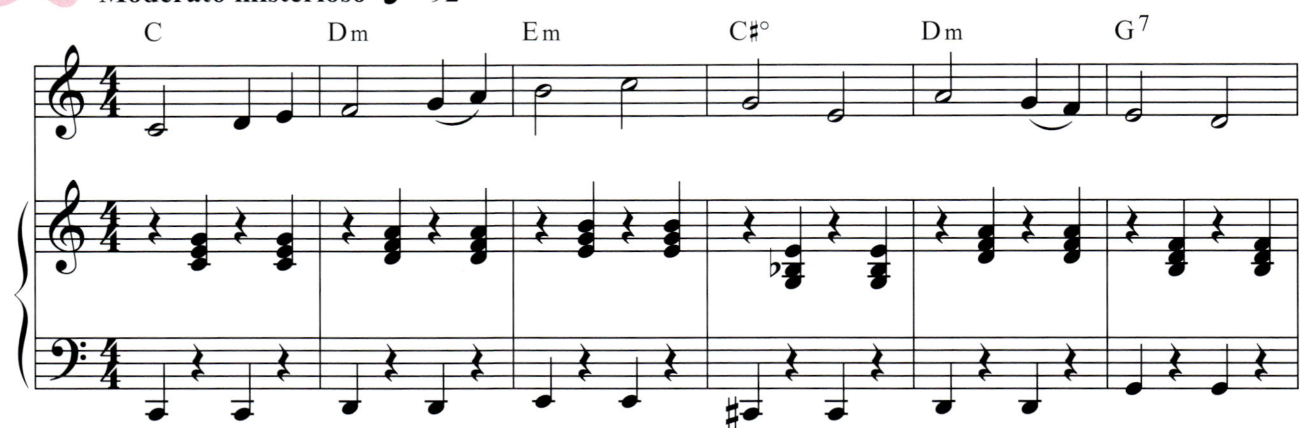

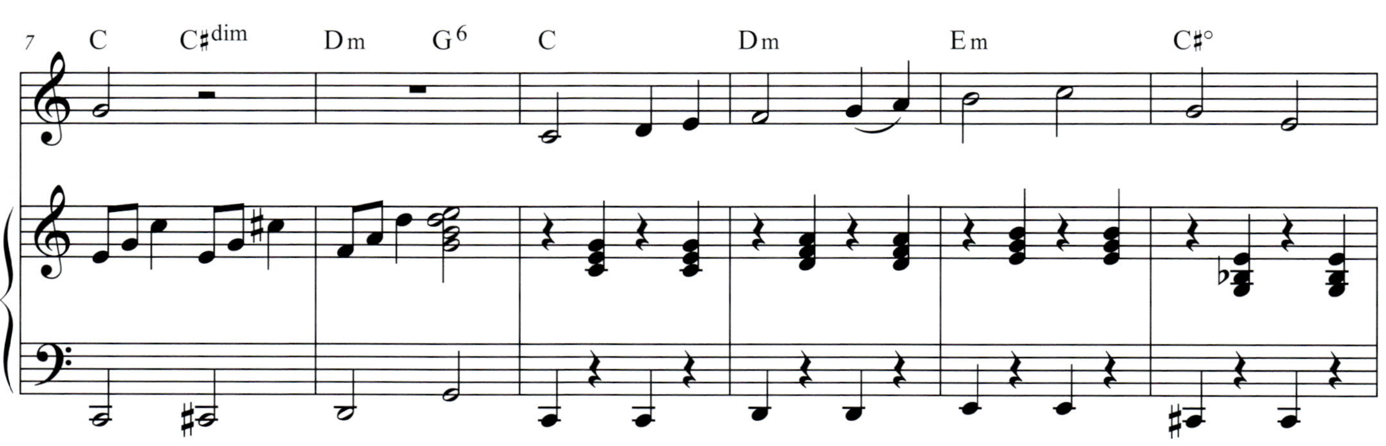

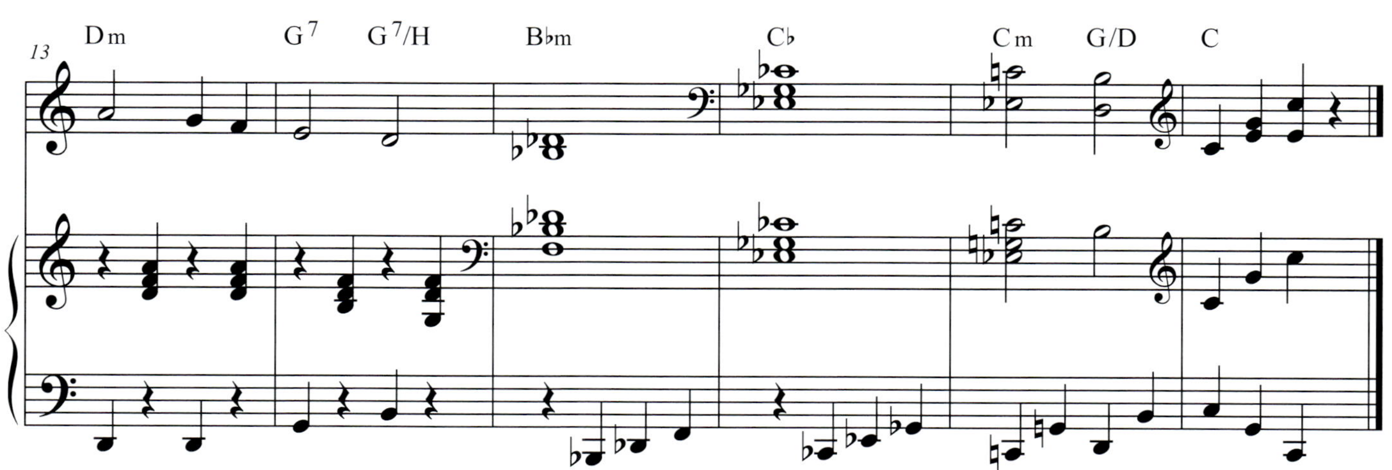

Während der Musik schleicht sich Schneckenstampfer langsam auf die Bühne, beobachtet Kunkel eine Weile und spricht ihn schließlich an.

Schneckenstampfer Heda, guter Mann. Auf ein Wort.

Kunkel Ah, der Optimierungsmann / die Optimierungsfrau. Den/die hatte ich fast vergessen.

Schneckenstampfer Vergessen? Nunja… ähm… wohl viel zu tun … was? Nun, wie geht's, wie steht's? Unkraut weg, Ungeziefer weg. Rücken geschont. Einfach genial. Was?

Kunkel Falsch! Mein Rücken tut mir weher als je zuvor.

Schneckenstampfer Häh? Wie, was? Aber Sie müssen sich doch nicht mehr bücken.

Kunkel Noch schlimmer! Ich muss mich strecken.

Schneckenstampfer Wie, was?

Kunkel Die Bienen machen auf „tote Hose". Jetzt muss ich die Blüten selbst bestäuben. Millionen und Abermillionen von Blüten. Und ich habe erst 333 geschafft. Dabei arbeite ich schon seit drei Tagen. Da werd ich nie fertig.

Schneckenstampfer Tja – da hift nur noch *mehr* Gift! Das ist die Lösung. „Viel hilft viel", wie ich immer zu sagen pflege.

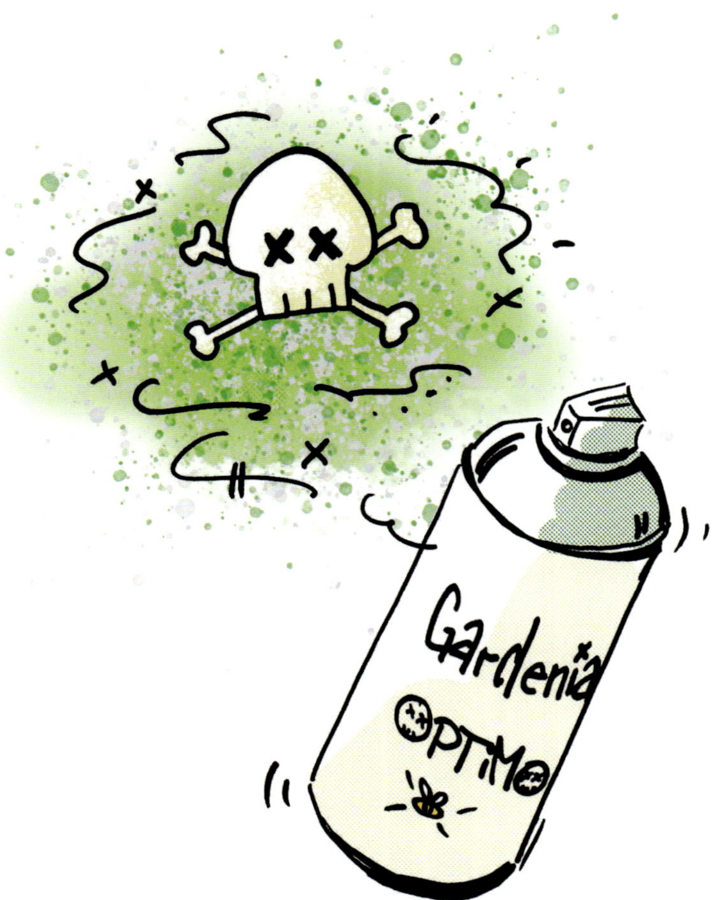

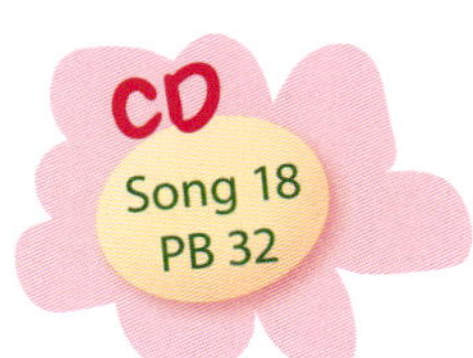

12. Jetzt-stelln-Se-sich-mal-vor!

(Schneckenstampfer, Background-Chor)

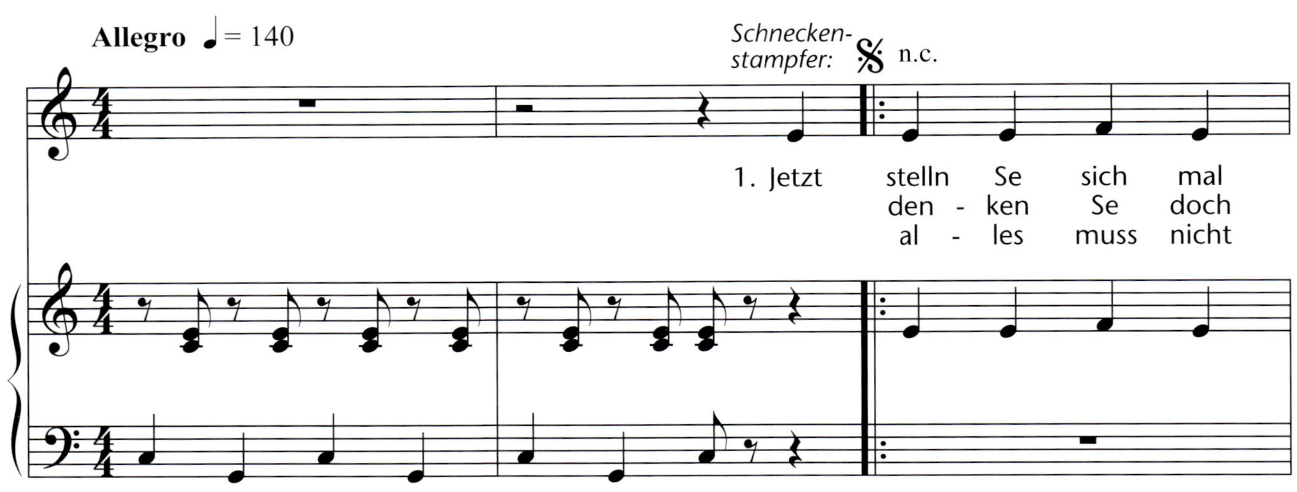

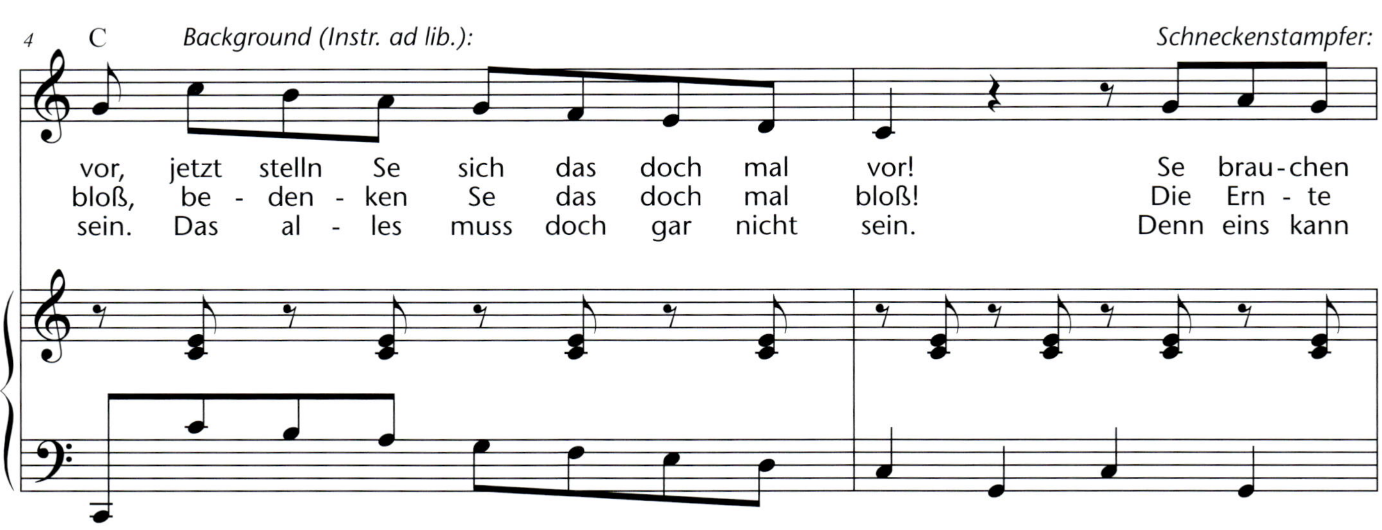

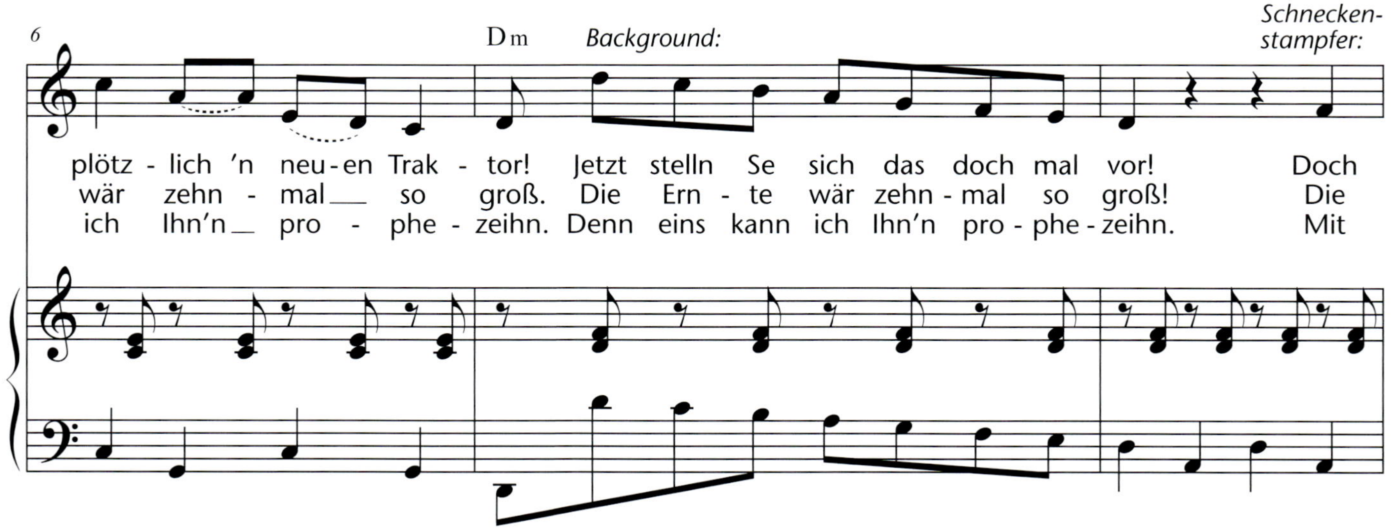

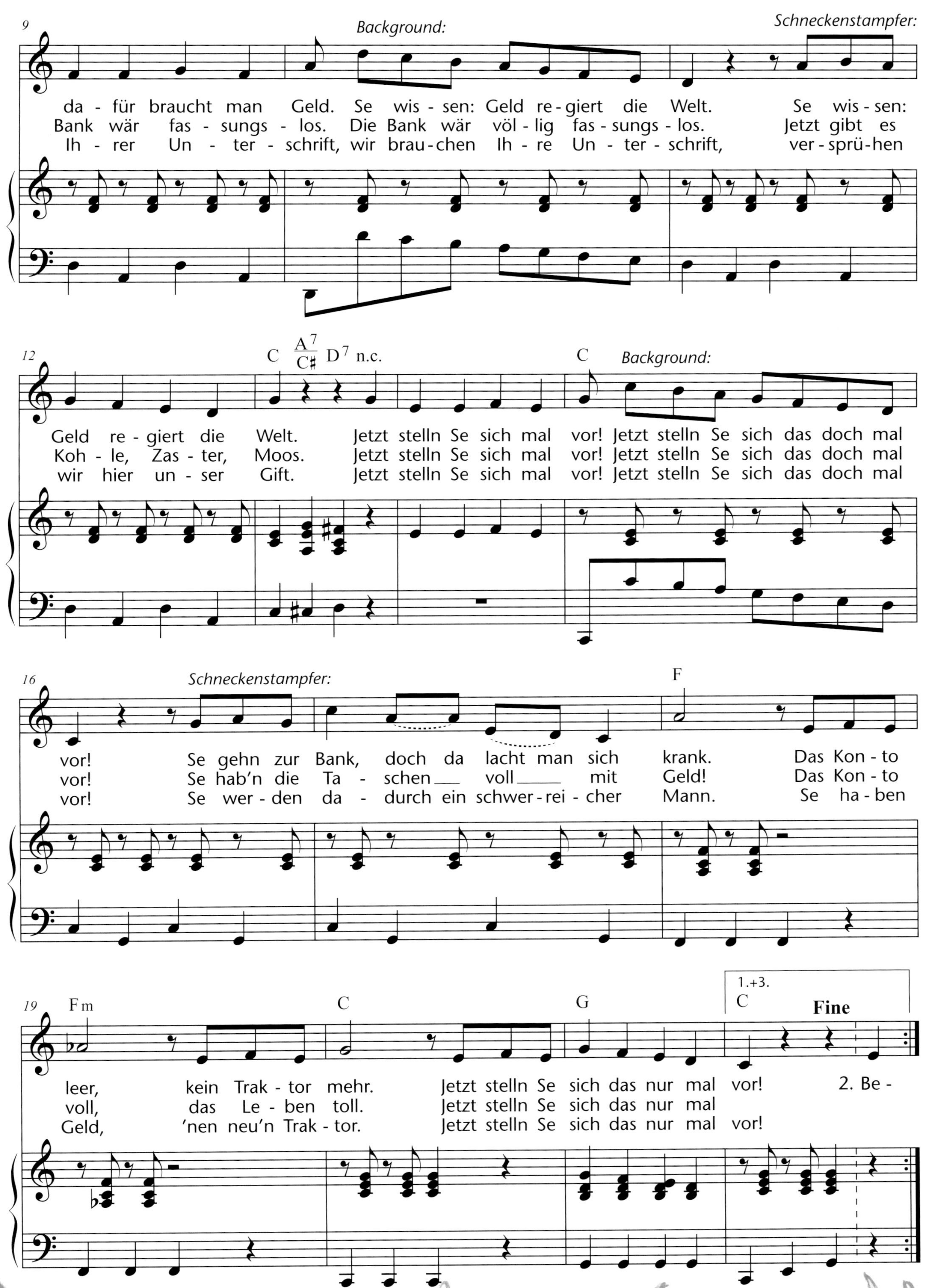
9
Background:
Schneckenstampfer:
da - für braucht man Geld. Se wis - sen: Geld re - giert die Welt. Se wis - sen:
Bank wär fas - sungs - los. Die Bank wär völ - lig fas - sungs - los. Jetzt gibt es
Ih - rer Un - ter - schrift, wir brau - chen Ih - re Un - ter - schrift, ver - sprü - hen
12
C A7/C♯ D7 n.c.
C Background:
Geld re - giert die Welt. Jetzt stelln Se sich mal vor! Jetzt stelln Se sich das doch mal
Koh - le, Zas - ter, Moos. Jetzt stelln Se sich mal vor! Jetzt stelln Se sich das doch mal
wir hier un - ser Gift. Jetzt stelln Se sich mal vor! Jetzt stelln Se sich das doch mal
16
Schneckenstampfer:
F
vor! Se gehn zur Bank, doch da lacht man sich krank. Das Kon - to
vor! Se hab'n die Ta - schen voll mit Geld! Das Kon - to
vor! Se wer - den da - durch ein schwer - rei - cher Mann. Se ha - ben
19
Fm C G
1.+3.
C
Fine
leer, kein Trak - tor mehr. Jetzt stelln Se sich das nur mal vor! 2. Be -
voll, das Le - ben toll. Jetzt stelln Se sich das nur mal
Geld, 'nen neu'n Trak - tor. Jetzt stelln Se sich das nur mal vor!

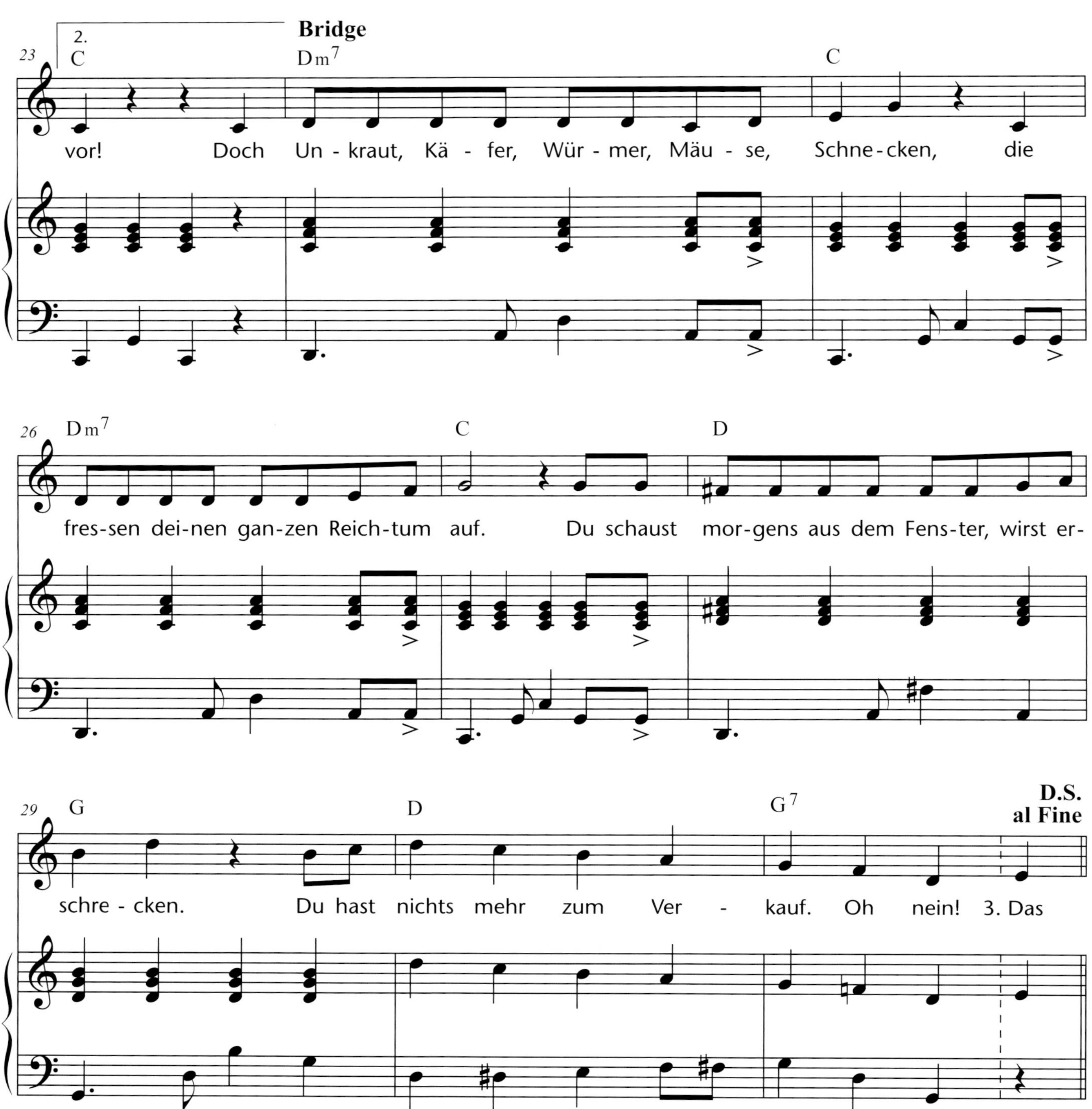
2.
Bridge
C
Dm7
C
vor! Doch Un - kraut, Kä - fer, Wür - mer, Mäu - se, Schne - cken, die
Dm7
C
D
fres - sen dei - nen gan - zen Reich - tum auf. Du schaust mor - gens aus dem Fens - ter, wirst er -
G
D
G7
D.S. al Fine
schre - cken. Du hast nichts mehr zum Ver - kauf. Oh nein! 3. Das

Szene 7: Nur ein kleines Unterschriftchen

Alle Tiere und Menschen

Die Tiere treten im Hintergrund auf …

Schneckenstampfer Nun. Sie brauchen nur noch hier zu unterschreiben und wir sprühen alles ein. Im Umkreis von zwei Kilometern. Unkraut und Schädlinge. Alles wird vernichtet. Einfach …

Kunkel … genial … jaja, ich hab's verstanden. Nun gut. Wenn Sie meinen … Dann mal her mit dem Wisch! Ich unterschreibe.

Bienen summen leise, bedrohlich.

Kunkel He, aber Moment mal! Was ist denn mit den Bienen? Woher weiß das Gift, ob das Schädlinge sind oder nützliche Bienen?

Schneckenstampfer Na … weil … äh… das geht schon klar … ähäm… Einfach hier unterschreiben, dann haben Sie auf ewig Ruhe.

Kunkel *will unterschreiben, Bienen summen wieder, jetzt sehr laut* Moment mal! – *Jetzt* erst versteh ich das alles! Wie dumm ich doch war! Die Bienen streiken, weil sie das Gift nicht vertragen. *zum Vertreter* Sie wollen mich reinlegen. Ihr Optimierungskrimskrams bringt *alle* Tiere um. Erst sterben die Bienen und dann die Menschen. *Das* ist die Wahrheit!

Schneckenstampfer Wie, was? Aber nein. Ich bitte Sie.

Kunkel Betrüger! Verschwinden Sie!

Schleimer *vom Bühnenhintergrund* Aber hopphopp!

Schneckenstampfer Nur ein kleines Unterschriftchen … das tut doch gar nicht weh!

Kunkel Den werd ich nie los.

Schneckenstampfer … aber meine Provision … der Gewinn … hier unten links … bitte …

Kunkel Vorsicht! Hornissen!

Schneckenstampfer Hornissen!? Hiiilfeee! *läuft weg*

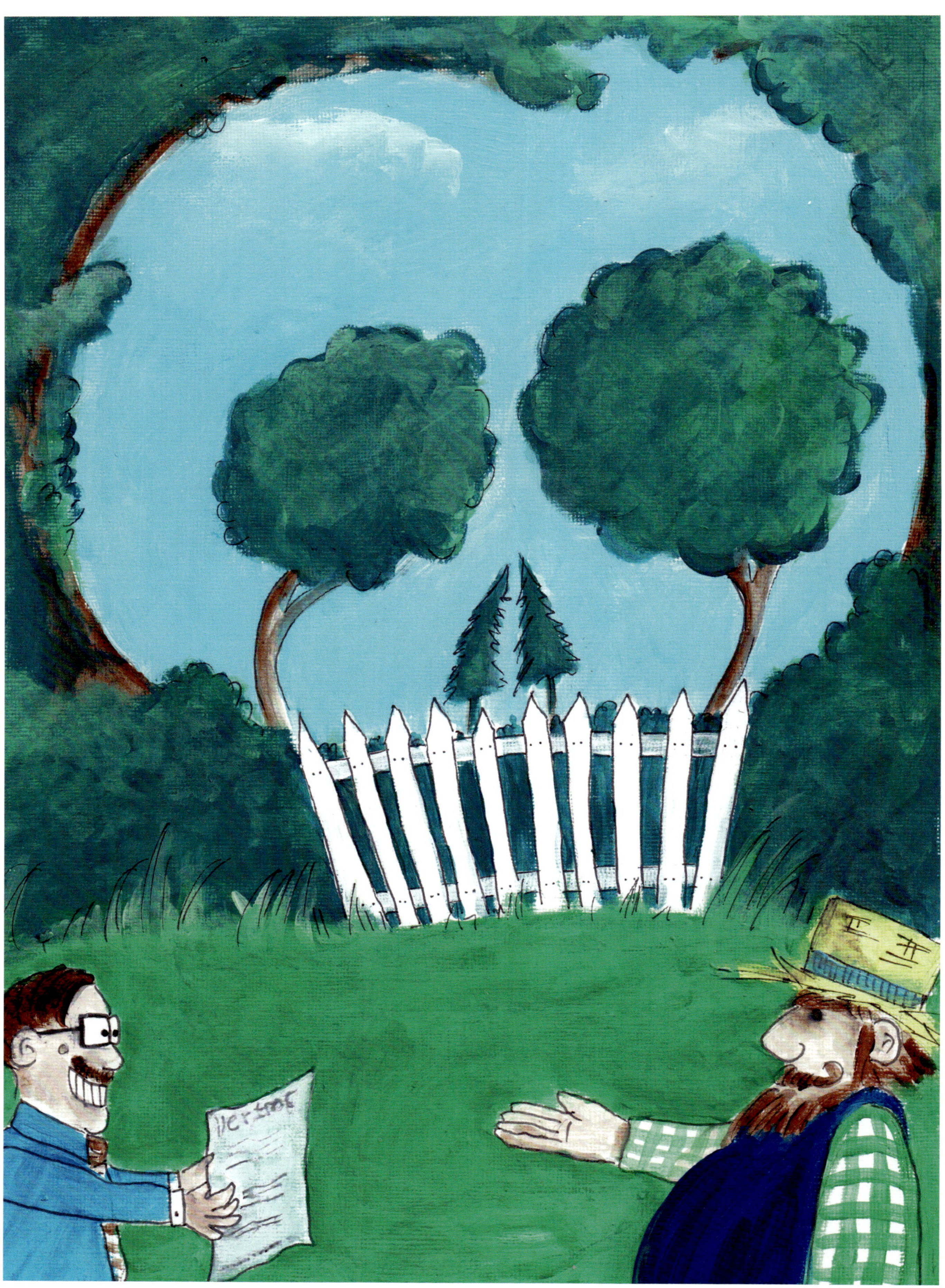

Szene 8: Jetzt mal 'ne wirklich geniale Idee

Alle (außer Schneckenstampfer)

Kunkel *reibt sich die Hände.* Hehe… wie der laufen kann!
Oh Mann, wie konnte ich nur so dumm sein. Ab heute ist Schluss mit Giftsprühen.
Kommt, ihr Bienen, habt keine Angst! Ab heute gibt's nur noch Natur pur! –
Wiesenbewohner stellen sich um Bauer Kunkel auf.
Aber wer hilft mir beim Unkrautjäten? Das geht schon mächtig in den Rücken.

Floretta I. Oh, da hätte ich einen genialen Vorschlag.

Kunkel Was? Eine Biene, die reden kann? Erstaunlich!

Floretta I. Nun, du suchst doch „Mitarbeiter: männlich, weiblich, divers".
Ich hätte da einen brillanten Vorschlag.

Kunkel Häh?

Floretta I. Na ganz einfach: *schiebt die drei „Tiefenentspannten" nacheinander in den Vordergrund*
Giovanni … Fine … und Schleimer. Unsere „fleißigsten" Mitarbeiter,
kann ich allerwärmstens empfehlen!

Fine Was??? *Ich* soll arbeiten? Bei *dem* schönen Wetter?

Giovanni Äh… Ich hab noch Fußballtraining, also heut ist *ganz* schlecht!

Schleimer Naja… wenn ab und zu mal ein Salatblatt dabei rausspringt?

Kunkel Klar. Wir teilen den Salat, wenn ihr mir beim Unkrautjäten im Beet helft. Wir teilen alles.
Arbeit und Nahrung. Gerecht! Dann gewinnen alle.

Schleimer Und die Flugstunde übern Zaun?

Kunkel Ist gestrichen.

Schleimer Na wie wär's, Freunde? Immer nur faulenzen schadet doch nur der Figur.

Kunkel Stimmt. Gartenarbeit hält frisch und jung. Schaut mich an … *klopft auf seinen dicken Bauch*

Fine, Giovanni, Schleimer *nach kurzer Beratung* Wir sind dabei! Männlich, weiblich, divers!
Genau das, was der Bauer braucht.

Dafne Das ist doch mal wirklich 'ne geniale Idee!

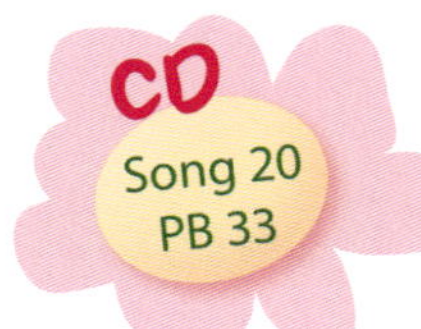

13. Finale – Lied der Natur

(Alle)

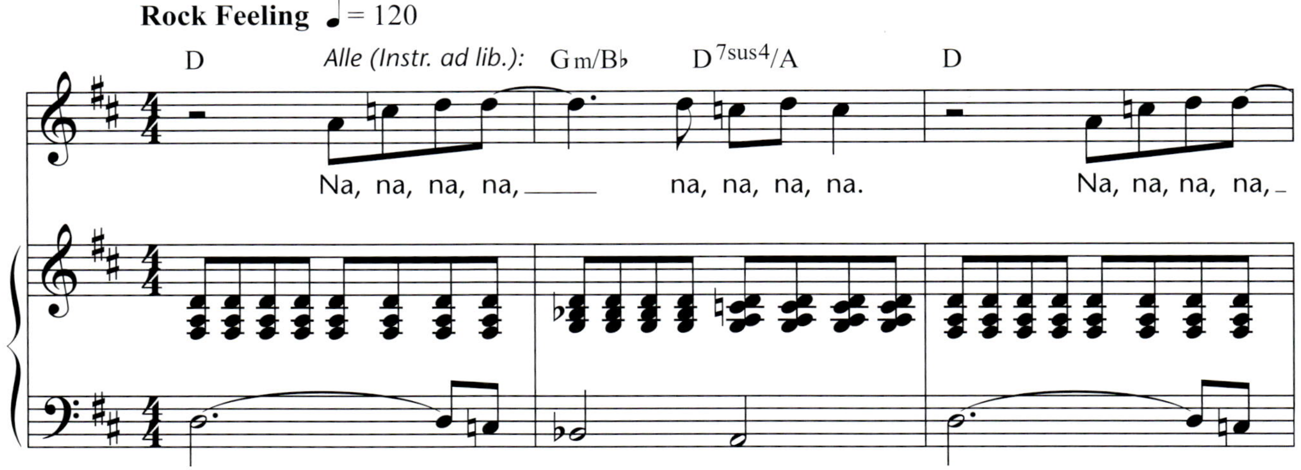

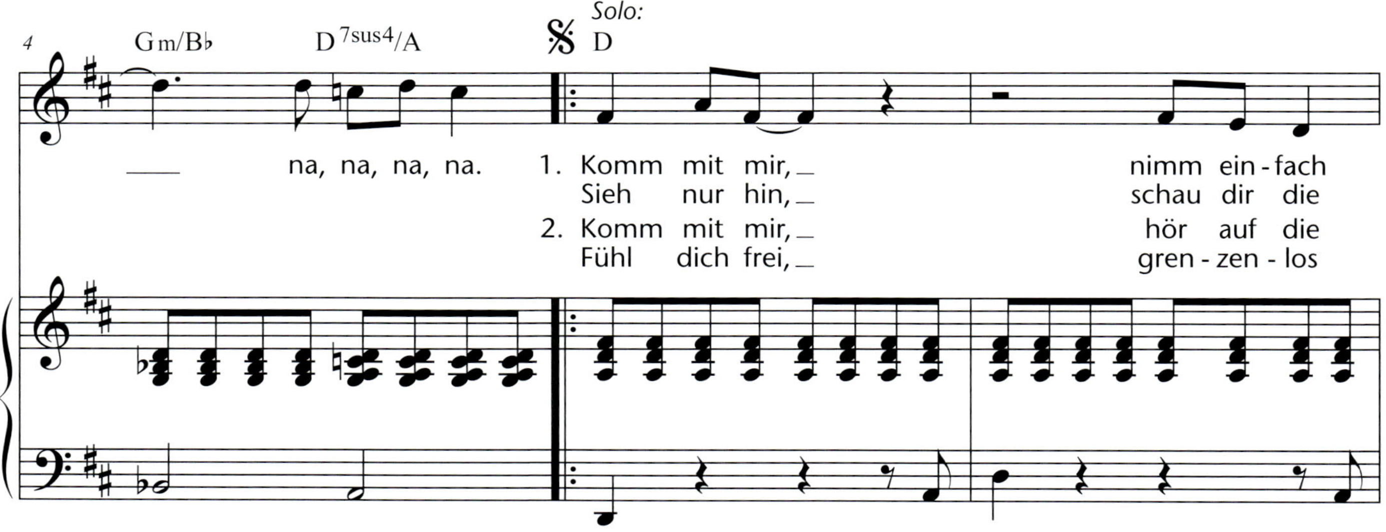

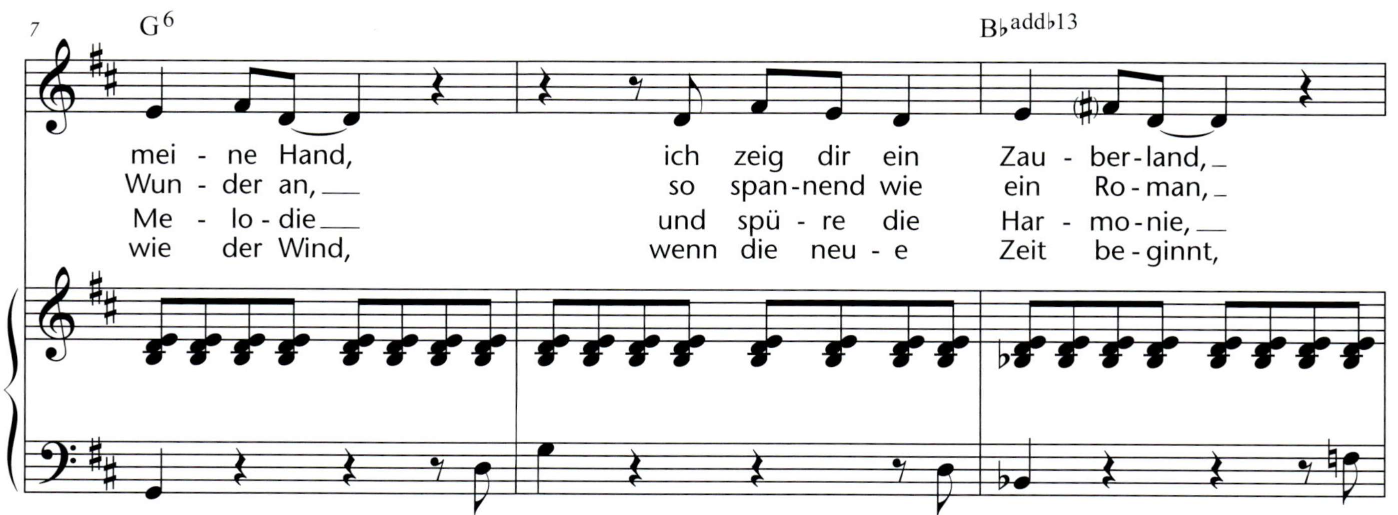

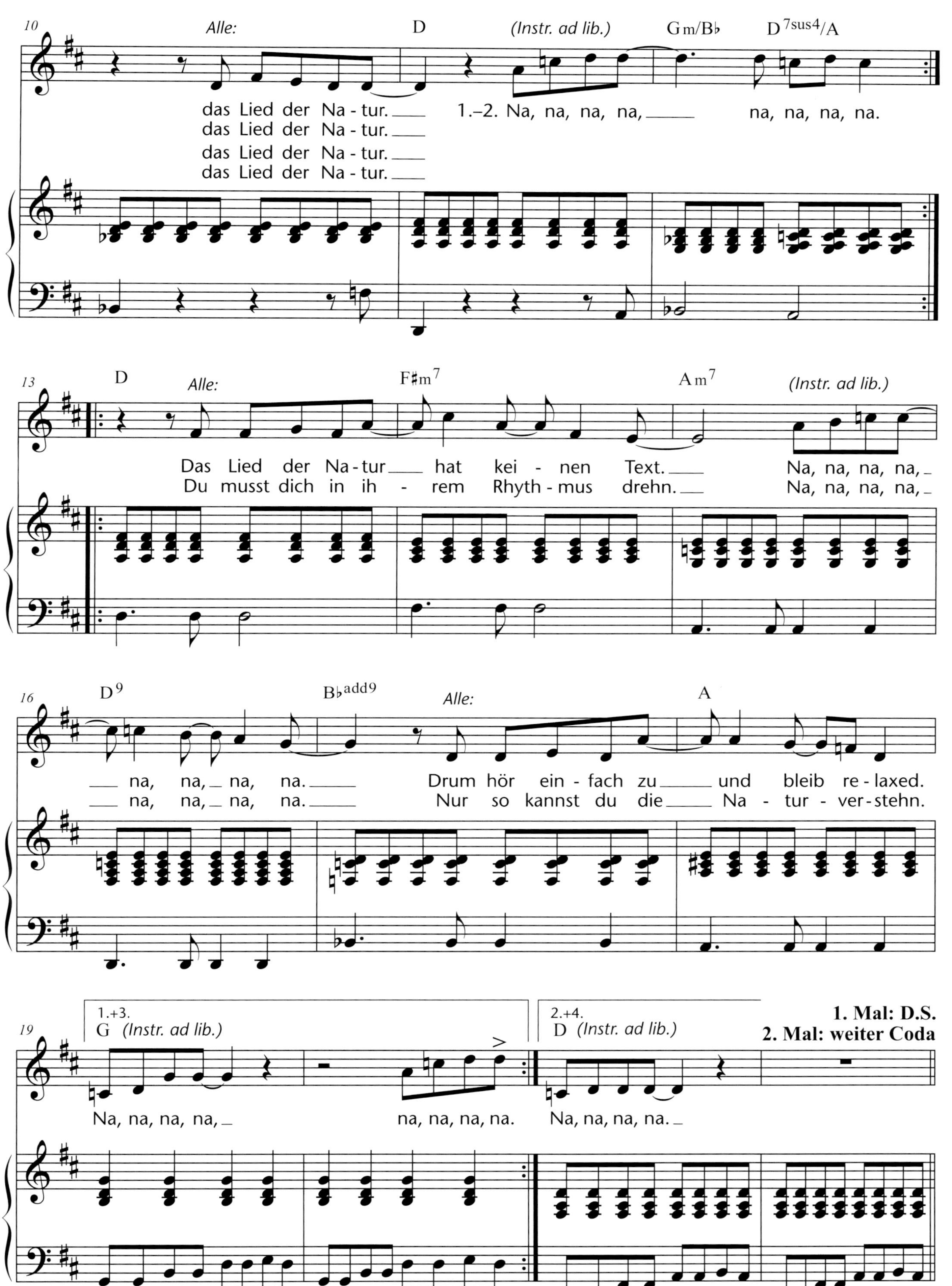
10
Alle:
D
(Instr. ad lib.)
Gm/B♭
D7sus4/A
das Lied der Na - tur. 1.–2. Na, na, na, na, na, na, na, na.
das Lied der Na - tur.
das Lied der Na - tur.
das Lied der Na - tur.
13
D
Alle:
F♯m7
Am7
(Instr. ad lib.)
Das Lied der Na - tur hat kei - nen Text. Na, na, na, na,
Du musst dich in ih - rem Rhyth - mus drehn. Na, na, na, na,
16
D9
B♭add9
Alle:
A
na, na, na, na. Drum hör ein - fach zu und bleib re - laxed.
na, na, na, na. Nur so kannst du die Na - tur - ver - stehn.
19
1.+3.
G (Instr. ad lib.)
2.+4.
D (Instr. ad lib.)
1. Mal: D.S.
2. Mal: weiter Coda
Na, na, na, na, na, na, na, na. Na, na, na, na.

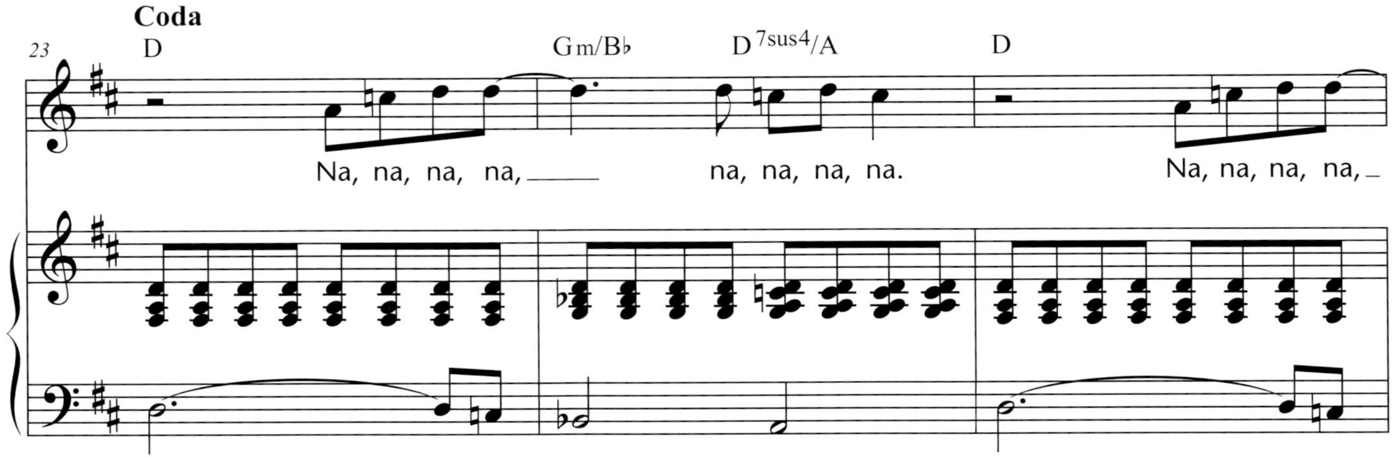
Coda
23
D
Gm/B♭
D7sus4/A
D
Na, na, na, na, na, na, na, na.
Na, na, na, na,

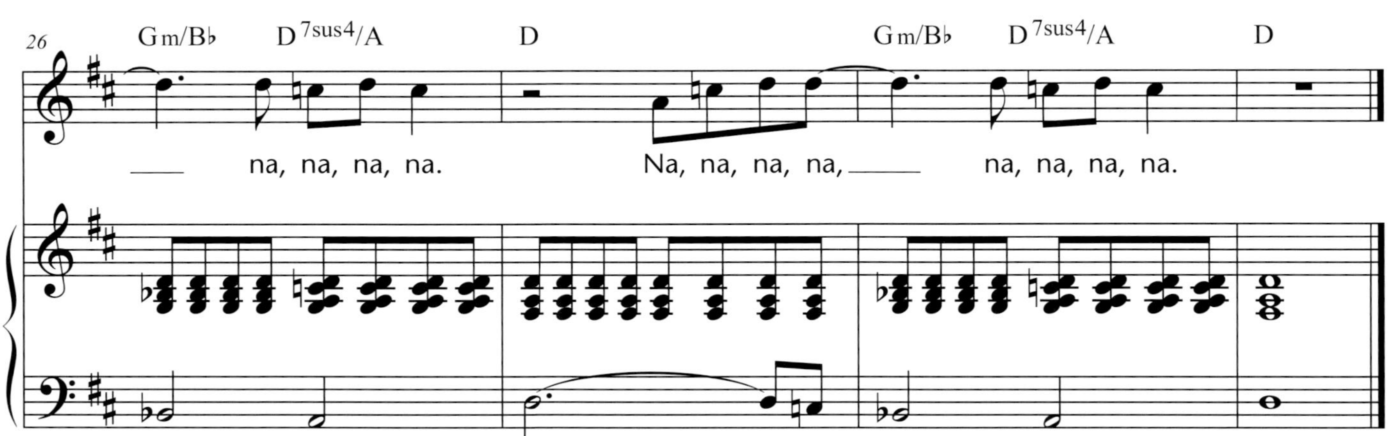
26
Gm/B♭
D7sus4/A
D
Gm/B♭
D7sus4/A
D
na, na, na, na.
Na, na, na, na, na, na, na, na.

Halbszenische Fassung

(mit Erzähler, siehe **fettgedruckte** Passagen)

1. Ouvertüre: Alles in Butter

instrumental

Der erste Frühlingsmorgen auf Bauer Kunkels Wiese, und so ein Wetterchen! Insekten, Vögel und Frösche erwachten nach langem Winterschlaf, und man hörte von überall ein Summen und Brummen, ein Zwitschern und Flirren. Und wie heißt es so schön: Morgens um sieben ist die Welt noch in Ordnung … Ähäm… von den Hornissen mal abgesehen. *Die* hatten *unsere* fleißigen Bienen nämlich „zum Fressen gern".

2. Welch ein Summen

Wiesenbewohner, Kunkel

Aurelia So ein schöner Frühlingsmorgen! Sonne, Wärme, ein mildes Lüftchen und dieser Blütenduft. Mmmh!

Bea Da hat man direkt Lust zu arbeiten.

Constanze Es geht doch nichts über eine schöne Blumenwiese. Bester Blütenstaub überall.

Dafne Das wird ein 1a-Spitzen-Honig!

Emma He, da drüben gibt's noch reichlich Blütenstaub. Los, mir nach!

Floretta I. Aber passt auf, dass ihr den Hornissen nicht zu nahekommt!
Nach dem langen Winterschlaf sind die immer ganz mies drauf!

Ja, so ein schöner Frühlingsmorgen, und alle waren fröhlich bei der Arbeit. Alle? – Nein! Denn die drei Freunde Giovanni, die Ameise, Schleimer, die Schnecke, und Fine, die wahrscheinlich faulste Biene im Universum, waren absolute Weltmeister im Nichtstun.

Fine Sind sie weg?

Giovanni Si, Signorina Fine.

Fine Boah, meine „fleißigen Schwestern". Nix als Arbeit im Kopf. – Ich brauch erst mal 'ne Auszeit.

Giovanni 'ne Auszeit? – Von *was*? Du hattest gerade *sechs* Monate Winterschlaf! Mamma Mia!

Fine Sechs Monate pennen und dann erst mal entspannen.
Das ist doch ein gutes Konzept, oder? – Wo Schleimer schon wieder bleibt?

Giovanni Na du weißt doch, wie laaaangsam Schnecken sind.

Schleimer Hi, Freunde. Entschuldigt die Verspätung.

Fine Schon klar. Du bist doch *immer* zu spät.

Giovanni Sag mal, Schleimer, bist du eigentlich ein Junge oder ein Mädchen? Un ragazzo o una ragazza?

Schleimer Kommt drauf an.

Fine Wie? Du weißt nicht, ob du ein Junge oder ein Mädchen bist?

Schleimer Doch.

Fine Und?

Schleimer Kommt drauf an. Sag ich doch.

Giovanni Perfetto! Wir könnten uns glatt bei Bauer Kunkel bewerben. Der sucht Mitarbeiter. Männlich, weiblich und solche, wo's drauf ankommt!

Fine Arbeiten? – Du bist echt 'ne Nervensäge! Da geh ich lieber gemütlich mit Schnecken spazieren, was, Schleimer?

3. Schnecken-Blues (Ultracool)

Giovanni, Fine, Chor und Schleimer ad lib.

Fine He, seht mal, der Kunkel. Kommt, wir verziehen uns. Faule Bienen sind ihm ein Dorn im Auge.

Schleimer Auf Schnecken steht der auch nicht sonderlich. Neulich hat er mich im Salatbeet erwischt. Da hat er mich gepackt und – schwupps – ging's über den Zaun. Auf so 'ne Flugstunde kann ich gut verzichten. Ich schwör!

Unsere drei „Tiefenentspannten" machten sich vom Acker, denn jetzt kam Bauer Kunkel mit einem fröhlichen Lied auf den Lippen um die Ecke. Wie immer mit Hacke und Schaufel.

4. Intermezzo: fröhlicher Kunkel

Kunkel

Kunkel Ah! So ein Frühlingsmorgen. Wie die Vögel zwitschern. Alles blüht und summt und brummt. Meine Bienen bestäuben die Blüten. Aus den Blüten entstehen Früchte – und Honig gibt es auch noch. Was für ein Leben.

5. Toxic Walk

instrumental

Er machte sich gleich an die Arbeit und bemerkte dabei gar nicht, wie ein Mann sich näherte. Es war Silvanus Schneckenstampfer, Vertreter der Firma „GardeniaOptimo".

Schneckenstampfer Wir von der Firma „GardeniaOptimo" wollen Ihnen heute unsere ganz neue Produktlinie „MordioNatura" vorstellen. Unser Op-ti-mierungs-Spray mit genau aufeinander abgestimmten Komponenten. Damit wird Ihr Bauernhof noch viel mehr Gewinn machen.

Bauer Kunkel war zunächst skeptisch, doch Herr Schneckenstampfer ließ nicht locker und sprühte zur Probe einen Teil der Wiese ein, während er alle Vorteile des „Op-ti-mie-rungs-Sprays" aufzählte: viel mehr Ernte, viel mehr Gewinn und nie mehr zum Unkrautjäten bücken.

6. Toxic Waltz

Schneckenstampfer

Kunkel Naja… nie mehr bücken zum Unkrautjäten, das wäre super.
Mein Rücken zwickt manchmal ganz schön. Ich bin ja nicht mehr der Jüngste.

Schneckenstampfer Nun, in einer Woche komme ich nochmal vorbei und dann unterschreiben Sie den Vertrag.
Dann bekommen Sie die ganz große Lieferung. Das vernichtet alles im Umkreis von zwei Kilometern. Bis dann. Tschühüss!

**Bauer Kunkel rieb nachdenklich seinen dicken Bauch. Er musste das alles erst mal bei einem guten Pfeifchen Tabak und einem Gläschen Honigwein überdenken. Optimierungs-Spray? Das klang irgendwie verlockend.
Er ging ins Haus. Und bald schon kamen Giovanni, Schleimer und Fine aus ihrem Versteck.**

Giovanni Ascolta! Also, ich hab's *so* verstanden, dass nur Unkraut und Schädlinge vernichtet werden.
nachdenklich Wobei Unkraut ja durchaus was Nützliches sein kann … Zu was gehört ihr?

Fine Also, *ich* bin eine Biene, *ich* bin ein Nützling. Ich bin auf der sicheren Seite. Und du Schleimer?

Schleimer Ab und zu genehmige ich mir ein paar Salatblätter, da rastet der Kunkel immer aus.

Fine Also gehörst *du* zu den Schädlingen.

Schleimer Auweia!

Fine Gut, dass *ich* ein Nützling bin – ähäm… im Prinzip.

Giovanni Si! Im Prinzip *wäääreѕt* du ein Nützling, wenn du was arbeiten *wüüürdest.*
Tust du aber nicht. Also bist du ein *schädlicher* Nützling. Capito!

Schleimer Oder ein nützlicher *Schädling*.

**Bei all den Überlegungen war Fine hungrig geworden und naschte etwas Nektar von einer der besprühten Blumen.
Das war aber keine so gute Idee …**

Fine He, ich kann euch doppelt sehen. Mir wird ganz – blümerant.
Mir wird ganz heiß … ich muss … mich … setzen …

Giovanni O mio Dio! Das Gift wirkt schon. Komm, wir legen Fine in den Schatten, unter den Apfelbaum!

Inzwischen kehrten die fleißigen Bienen von ihrem Ausflug zurück. Ihr Sammelkorb war fast voll. Jetzt wollten sie noch etwas Nektar sammeln. – Was sie nicht wussten: Die Wiese war vergiftet! Nachdem sie etwas Nektar verzehrt hatten, wurde ihnen richtig schlecht.

7. Mir ist so schlecht

Wiesenbewohner: Solo, Chor ad lib.

Giovanni informierte die Bienen über Bauer Kunkels Plan, die Wiese mit Gift zu besprühen. Die Bienen waren entsetzt. Ihnen war jetzt schon ganz schlecht. Was würde passieren, wenn die ganze Wiese vergiftet wäre!?

Aurelia Aber was sollen wir tun? Wie können wir Bauer Kunkel von seinem Plan abbringen? Menschen hören nicht auf die Natur.

Constanze *kämpferisch* Wir starten einen Großangriff! Wir vergelten Gift mit Gift. Schließlich haben wir auch Gift.

Dafne Sei doch kein Trottel! Darüber lachen die Menschen nur. Außerdem: Gewalt hilft uns hier nicht weiter.

Floretta I. Du hast Recht. Aber wie können wir Bauer Kunkel von seinem Plan abbringen? Wir müssen ihn irgendwie *überzeugen*! – Aber wie nur? Wer hat eine Idee?

Emma *meldet sich mit Schnipsen* Wir könnten ihm einen Brief schreiben!

Constanze Dummkopf! Bienen können doch nicht schreiben!

Emma Auch wieder wahr. Wie wäre es, wenn wir ihm das Problem vortanzen?

Constanze Menschen verstehen den Bienentanz nicht.

Bella Menschen sind echt zu dämlich.

Floretta I. Also? – Weitere Vorschläge? –

Alle Bienen *nach einer Denkpause, verzweifelt* Uns fällt nichts ein!!!

Wie sie da so ratlos und verzweifelt rumstanden, kam Fine hinter dem Apfelbaum hervorgekrabbelt. Ihr ging es ganz schlecht. In dem Zustand konnte sie auf keinen Fall was arbeiten.
Doch da kam der Bienenkönigin eine Idee. Wie wäre es, wenn *niemand* mehr arbeiten würde? Was wäre, wenn *alle* Bienen in Streik treten. Wenn *kein* Vogel mehr singen und *keine* Grille mehr zirpen würde? Total tote Hose! Das müsste Bauer Kunkel doch überzeugen. Oder?

8. Streik!

Wiesenbewohner: Solo, Chor ad lib.

Eine Woche später konnte man Bauer Kunkel sehen, wie er mit einer Hahnenfeder die Blumen und Bäume selbst bestäubte. Er hatte erst 316 Blüten geschafft …

9. Zwischenaktmusik (Ich hab Rücken)

instrumental

Kunkel *zur Musik gesprochen* 317 … 318 … Oweh, mein armer Rücken! … 319 … 320 … Aber ich darf die Blütezeit nicht verpassen, sonst gibt es keine Ernte … 321 … 322 … Wieso streiken die Bienen nur? Unerklärlich. Sie sind doch sonst so fleißig! Jetzt muss ich das selber machen. 322 Blüten habe ich schon bestäubt. Aber das sind ja Millionen? Das schaff ich nie! Und Honig gibt's auch keinen. Was mach ich nur im Winter in meine warme Milch? … *Musik wird ausgeblendet* Und diese Stille … gespenstisch! Man hört rein gar nichts …

10. Vor gar nicht allzu langen Zeiten

Kunkel, alternativ: „Stimme der Natur"

11. Toxic Walk (Reprise)

instrumental

Und wie Bauer Kunkel so beim Bestäuben seiner Pflanzen war, trat Herr Schneckenstampfer auf. Heute sollte ja der Vertrag unterschrieben werden. Das gab eine fette Provision! Doch Bauer Kunkel war mittlerweile nicht ganz so begeistert. Er musste sich zwar nicht mehr zum Unkrautjäten bücken, dafür aber zum Bestäuben strecken. Das war viel schlimmer, und sein Rücken tat weher als zuvor. Doch Herr Schneckenstampfer ließ nicht locker.

Schneckenstampfer Tja – da hilft nur noch *mehr* Gift! Das ist die Lösung. „Viel hilft viel", wie ich immer zu sagen pflege. Und dann der Gewinn!

12. Jetzt-Stelln-Se-sich-mal-vor!

Schneckenstampfer, Background-Chor

Schneckenstampfer Nun. Sie brauchen nur noch hier zu unterschreiben und wir sprühen alles ein. Im Umkreis von zwei Kilometern. Unkraut und Schädlinge. Alles wird vernichtet. Einfach …

Kunkel … genial … jaja, ich hab's verstanden. Nun gut. Wenn Sie meinen … Dann mal her mit dem Wisch! Ich unterschreibe.

Doch gerade als Bauer Kunkel den Stift in die Hand nahm, fingen die Bienen an bedrohlich zu summen. Plötzlich ging Bauer Kunkel ein Licht auf!

Kunkel Moment mal! – *Jetzt* erst versteh ich das alles! Wie dumm ich doch war! Die Bienen streiken, weil sie das Gift nicht vertragen. Ihr Optimierungskrimskrams bringt *alle* Tiere um. Erst sterben die Bienen und dann die Menschen. *Das* ist die Wahrheit!

Schneckenstampfer Wie, was? Aber nein. Ich bitte Sie.

Kunkel Betrüger! Verschwinden Sie!

Schneckenstampfer Nur ein kleines Unterschriftchen … das tut doch gar nicht weh!

Kunkel Den werd ich nie los.

Schneckenstampfer … aber meine Provision … der Gewinn … hier unten links … bitte …

Kunkel Vorsicht! Hornissen!

Schneckenstampfer Hornissen!? Hiiilfeee!

Kunkel Hehe… wie der laufen kann! Oh Mann, wie konnte ich nur so dumm sein.
Ab heute ist Schluss mit Giftsprühen. Kommt, ihr Bienen, habt keine Angst!
Ab heute gibt's nur noch Natur pur! – Aber wer hilft mir beim Unkrautjäten?
Das geht schon mächtig in den Rücken.

Floretta I. Oh, da hätte ich einen genialen Vorschlag.

Kunkel Was? Eine Biene, die reden kann? Erstaunlich!

Floretta I. Nun, du suchst doch „Mitarbeiter: männlich, weiblich, divers".
Ich hätte da einen brillanten Vorschlag.

Kunkel Häh?

Floretta I. Na ganz einfach: Giovanni … Fine … und Schleimer. Unsere „fleißigsten" Mitarbeiter, kann ich allerwärmstens empfehlen!

Fine Was??? *Ich* soll arbeiten? Bei *dem* schönen Wetter?

Giovanni Äh… Ich hab noch Fußballtraining, also heut ist *ganz* schlecht!

Schleimer Naja… wenn ab und zu mal ein Salatblatt dabei rausspringt?

Kunkel Klar. Wir teilen den Salat, wenn ihr mir beim Unkrautjäten im Beet helft. Wir teilen alles. Arbeit und Nahrung. Gerecht! Dann gewinnen alle.

Schleimer Und die Flugstunde übern Zaun?

Kunkel Ist gestrichen.

Schleimer Na wie wär's, Freunde? Immer nur faulenzen schadet doch nur der Figur.

Kunkel Stimmt. Gartenarbeit hält frisch und jung. Schaut mich an …

Fine, Giovanni, Schleimer Wir sind dabei! Männlich, weiblich, divers! Genau das, was der Bauer braucht.

Dafne Das ist doch mal wirklich 'ne geniale Idee!

13. Finale – Lied der Natur

Alle